Editions
84, rue du Cherche-Midi 75006 Paris
Tél. 42.22.02.16
Imprimé en France

J. L CARADEAU

MANUEL PRATIQUE D'UTILISATION DU

Pendule Egyptien

Librairie de l'Inconnu - Editions

Avant propos

Ce livre se veut ***un mode d'emploi*** *du pendule égyptien, mais un mode d'emploi complet. C'est donc avant tout un "cours de radiesthésie complet" spécialement adapté à l'utilisation du pendule égyptien. Si une grande part du livre est consacrée aux techniques de radiesthésie active : action sur un témoin, charge d'eau et de produits divers, l'investigation n'est pas oubliée pour autant. Certes, lorsqu'il s'agit de recherches, les techniques sont les mêmes qu'avec n'importe quel autre pendule ; néanmoins, le pendule égyptien et les pendules "équivalents" décrits dans ce livre offrent à l'opérateur des "facilités". Nous décrivons donc des techniques de recherche classiques en radiesthésie que nous avons adaptées aux spécificités du pendule égyptien et donc simplifiées. Nous avons pensé qu'il était nécessaire d'ajouter en fin d'ouvrage quelques réflexions théoriques sur la nature des pratiques décrites. En effet, aujourd'hui il a paru trop d'ouvrages contradictoires sur les ondes de formes et la radionique pour que le débutant qui désire s'informer ne soit pas désorienté. Ces réflexions théoriques, qui ne font pas seulement appel aux thèses courantes en radiesthésie, aideront les utilisateurs du pendule égyptien à devenir rapidement des radiesthésistes efficaces en leur évitant les voies de garage et les pièges de l'illusion. C'est du moins ce que nous souhaitons aux lecteurs de cet ouvrage.*

J. L. Caradeau

Introduction

Tout le monde connaît le pendule égyptien. Sa forme de bouton de lotus a fait le tour de la Terre. C'est de l'avis général l'un des plus puissants instrument dont ait disposé le radiesthésiste depuis le commencement des temps... Encore faudrait-il que ce dernier sache :

1. Choisir le pendule égyptien qui lui convient.

2. Utiliser correctement cet instrument puissant.

C'est à ces deux sujets qu'est principalement consacré cet ouvrage, car en effet il n'existe pas un pendule égyptien, mais des dizaines de modèles de pendules égyptiens. Tous ont leurs qualités et leurs défauts. Cependant avant d'aborder ce sujet délicat, il nous parait nécessaire de faire un peu d'histoire.

L'ŒIL D'HORUS

L'histoire du pendule égyptien est celle de la redécouverte de l'amulette appelée "colonnette Ouadj" qui dans le *Livre des Morts*, guide et protège le défunt tout au long de son périlleux voyage. Ne nous y trompons pas, si les anciens Egyptiens ont confié à l'amulette Ouadj le soin de guider et de protéger leurs morts, **c'est que les vivants l'utilisaient d'une façon efficace dans la vie courante pour se guider et se protéger.** Selon la mythologie égyptienne, l'amulette appelée "colonnette Ouadj" est à la fois :

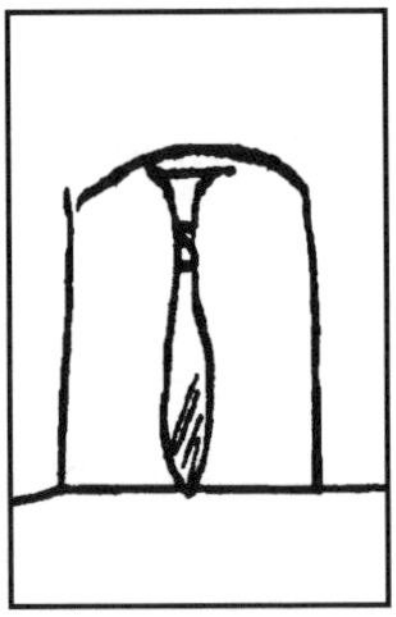

- La déesse Ouadjet (déesse à tête de serpent).
- Le bouton de fleur de Lotus.
- L'œil lunaire d'Horus.
- L'hiéroglyphe qui se lit "a" "à" et signifie grand.
- Thot lui-même puisqu'il porte l'épithète d'Œil vert d'Horus.

L'œil lunaire d'Horus n'est pas celui que vous connaissez, celui que vous connaissez c'est l'œil solaire (Oudjat) qui fut déchiré par Seth puis réparé et remis en place par Thot. L'Egypte connaît deux formes d'amulettes Ouadj :

- les amulettes en "bouton de lotus frais",

- les amulettes en matériaux divers que l'on a retrouvées dans les tombes...

Très exactement ces amulettes ont été trouvées sur le corps des momies entre les bandelettes.

Les amulettes en "bouton de lotus frais" ne sont pas parvenues jusqu'à nous. En revanche les amulettes "Ouadj" en pierre, en grès, en bronze... font partie des antiquités égyptiennes assez courantes ; et c'est incontestablement l'une d'elles qui est tombée un jour entre les mains de MM. De Bélizal et Morel.

D'après le Livre des Morts, l'amulette Ouadj doit être faite de felspath vert, mais les égyptologues en ont trouvé en bois, en pierres diverses, en poteries.

Reste un point important : cet objet si précieux pour le défunt a-t-il été utilisé par les vivants comme pendule ?

A priori on pourrait penser qu'une telle allégation est fantaisiste. Le pendule est en effet considéré par de nombreux historiens comme un instrument relativement moderne (en radiesthésie). C'est en effet au XVIIIe siècle que le pendule commence à apparaître dans des traités de rhabdomancie (ancien nom de la radiesthésie) comme un substitut possible à la baguette. C'est oublier que la baguette était presque exclusivement l'instrument des sourciers.

Or, à l'époque, la découverte des sources est presque la seule utilisation de la radiesthésie. En fait on voit le pendule utilisé dans les temps les plus reculés comme instrument de nécromancie ; une nécromancie bien proche de la radiesthésie moderne.

Une seule différence, au lieu d'attribuer les réponses du pendule à d'hypothétiques "ondes", les anciens les attribuaient soit à un ange, soit à un démon, soit à l'esprit d'un mort, soit dans l'antiquité, à un Dieu.

Compte tenu que sa forme est particulièrement adaptée à cet usage, on ne peut douter sérieusement que l'amulette Ouadj fut utilisée de cette façon par les anciens Egyptiens. Ses appellations multiples dans le livre des morts : Œil d'Osiris, Œil d'Atoum, Œil de Ré en font foi.

Par ailleurs, le fait qu'elle soit l'œil lunaire de ces trois divinités, la relie directement à la divination. Or pourquoi l'aurait-on appelé "œil" si elle ne servait à voir ou plutôt à savoir ?

Les anciens Egyptiens ont ils attribué à la colonnette Ouadj la propriété d'agir à distance sur autrui ?

Là encore la mythologie égyptienne nous donne une réponse probable. Lorsque les hommes envisagèrent de renverser Ra, Noun son père lui donna ce conseil : "*Mon fils Ré, toi qui es plus grand que ton père et ses créatures, reste assis sur ton trône; la crainte que tu inspires est déjà grande, si ton œil se dirige contre les conspirateurs.*" Ré suit ce conseil, et envoie son œil qui ravage la Terre. Dans le passage que nous avons relevé, Ré envoie son œil sous la forme de la déesse Hathor...

Ce qui ne change rien à notre démonstration, car, il y a tout lieu de croire que Ouadjet est comme Sekmeth un "avatar" de Hathor.

Donc l'œil vert de Ra est d'après la mythologie égyptienne elle-même susceptible d'agir à distance.

Il y a donc tout lieu de penser que De Bélizal et Morel ont effectivement **redécouvert un instrument de la magie égyptienne,** même si les explications qu'ils donnent de son principe de fonctionnement paraissent sujettes à caution. De même, il est probable que les anciens Egyptiens ont utilisé cet instrument, comme l'utilisent aujourd'hui les radiesthésistes, à ceci près que cette utilisation s'accompagnait probablement de prières et d'invocations...

Enfin, il est indubitable que le pendule égyptien **tient ses propriétés de sa forme.** C'est comme l'on disait il y a encore quelques années un "pendule à onde de forme".

Bien sûr, les formes n'émettent pas d'ondes au sens où les physiciens entendent ce mot, mais elles sont douées de propriétés étranges et je laisse le soin de les justifier à ceux qui croient qu'un grand cru de Bordeaux a le même goût dans un tâte-vin, dans un verre à Bordeaux et dans un verre à moutarde... Les propriétés des formes n'ont pas besoin d'être justifiées, elles sont utilisées par les hommes depuis des siècles. En revanche, si on sait les utiliser, on ne sait en aucun cas en donner une réelle explication.

Le pendule égyptien tel que représenté par A. De Bélizal et P.A. Morel dans "Physique micro vibratoire et forces invisibles".

CHAPITRE PREMIER

NOTIONS FONDAMENTALES

Les exercices proposés dans ce chapitre servent à choisir un pendule qui vous convient. **Même si vous possédez déjà un pendule égyptien, étudiez-le avec soin, ces exercices constituent également la base de la technique de détection et d'émission avec le pendule égyptien.**

Avant d'envisager l'achat d'un pendule, et à plus forte raison d'un pendule égyptien (modèle généralement assez coûteux), il faut apprendre à choisir un pendule. Cet apprentissage servira d'ailleurs également à ceux d'entre vous qui n'ont jamais utilisé de pendule. **C'est un véritable apprentissage accéléré de la radiesthésie.**

PRÉPARATION

Si vous possédez un ou plusieurs pendules : disposez-les devant vous sur une table.

Si vous ne possédez pas de pendule : à du fil ou à de la ficelle fine, suspendez plusieurs objets afin de vous fabriquer 3 ou 4 pendules. Il faut environ 20 cm de fil à coudre ou de ficelle de cuisine par objet. Utilisez par exemple un écrou, une bague, une perle de bois.

Ces objets feront probablement de mauvais pendules, mais ils ne vous serviront jamais qu'à apprendre à choisir le moins mauvais d'entre eux.

PREMIÈRE ÉTAPE

Ici encore, nos lecteurs vont se diviser en deux camps, ceux qui savent déjà et ceux qui ne savent pas encore. Ceux qui savent déjà peuvent lire ce passage "en diagonale".

Prenez un pendule, lancez-le en oscillations d'avant en arrière, et dites "tourne".

Inutile de le dire à haute voix, dans votre tête cela suffit.

Inutile d'être autoritaire, de vouloir y mettre de la volonté cela ne sert à rien, **c'est même NUISIBLE.**

Il faut dire cela avec le même détachement que vous auriez pour dire par exemple "passe moi le sel" à votre voisin de table. Il faut même être plus détaché que cela, car après avoir émis cet ordre, il ne faut **rien attendre.**

Quand vous saurez dire "tourne" de cette façon, le pendule "obéira" instantanément - enfin presque... **Votre premier critère pour le choix d'un pendule, c'est sa vitesse de réaction à cet ordre.** Or, l'expérience vous apprendra que des pendules apparemment identiques peuvent avoir des temps de latence très différents.

Adressons-nous maintenant en priorité à la seconde catégorie de lecteurs : ceux qui ne savent pas.

Ceux qui savent se servir d'un pendule ont leurs habitudes en ce qui concerne la tenue du pendule... et ils se débrouillent très bien comme cela. En revanche, pour vous qui n'utilisez pas régulièrement un pendule, il existe une façon de le tenir qui vous facilitera les choses.

Asseyez-vous devant une table.

Passez le fil d'un pendule entre votre index et votre majeur étendus, le fil du pendule soutenant la masse passant sur la seconde phalange de votre majeur (côté dos de la main) (fig 1).

Prenez la masse du pendule et faites la passer par dessus votre index (fig 2). C'est maintenant le poids même de la masse du pendule qui maintient votre index contre votre majeur et coince le fil de suspension (fig 2et 3).

Figure 1

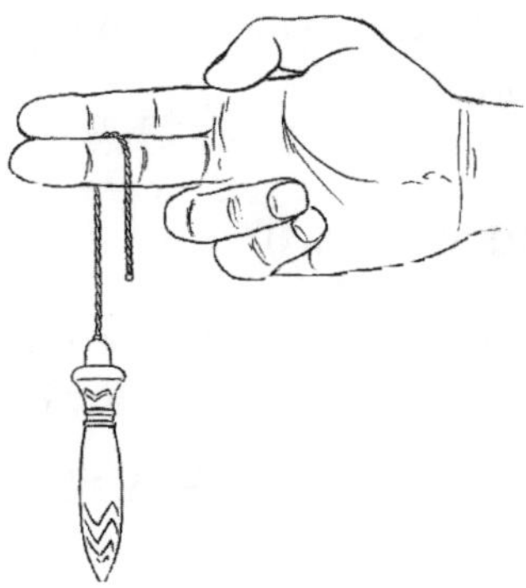

Figure 2

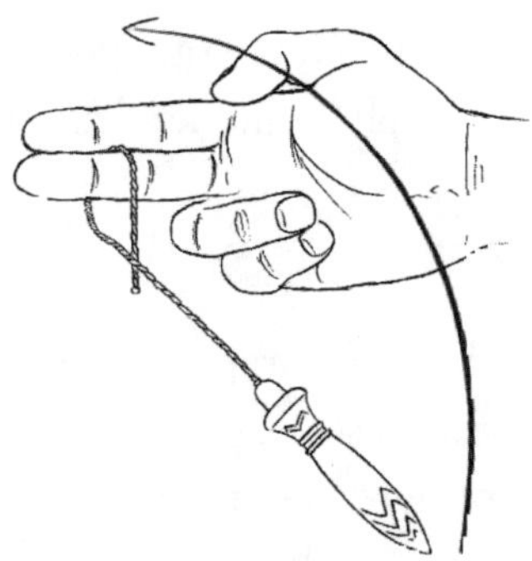

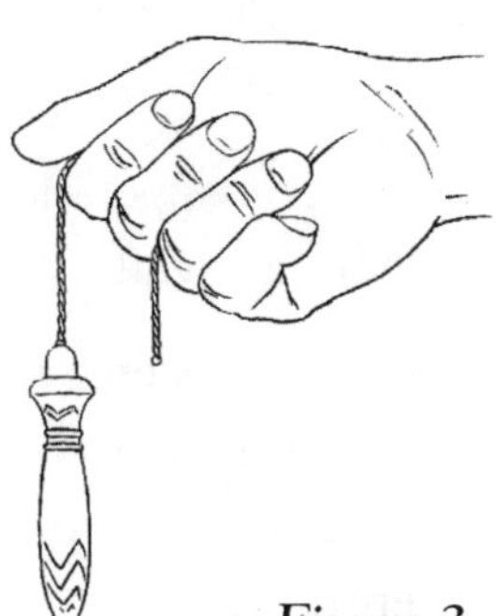

Figure 3

Refermez la main, posez le coude sur la table.

Vous pouvez maintenant travailler avec une main totalement décontractée. C'est là le premier intérêt de cette façon de tenir le pendule. Le second intérêt, c'est qu'en tenant votre pendule ainsi, lorsque vous lui donnerez un ordre, vous allez le sentir "démarrer", donnant une petite secousse à votre doigt. **C'est cette petite secousse ressentie sur le dos de l'index qui vous permet de différencier un démarrage dû à un mouvement involontaire de la main d'un démarrage provoqué soit par une réponse du pendule, soit par un ordre que vous lui avez transmis.** Cela, dans l'avenir, vous permettra de travailler sans jamais regarder votre pendule, et donc d'éviter une grande partie des phénomènes d'autosuggestion.

SUITE DE L'APPRENTISSAGE

Vous n'avez pas réussi cet exercice. Il peut à cela y avoir de nombreuses causes. Votre main est trop raide ou vous vous contractez mentalement, vous "voulez trop" ou encore simplement vous doutez de réussir.

Cela n'est pas important. Il est inutile d'essayer 10 fois de suite, cela ne ferait que vous énerver. Laissez tomber, vous essaierez à nouveau demain ou un autre jour. Voici quelques idées qui pourront vous aider.

N'attachez pas d'importance à l'opération, de toutes façons vous réussirez car tout le monde réussit.

Faites cela à un moment où vous êtes bien, le sérieux n'est pas forcément utile, il peut même retarder vos progrès. Certaines personnes ont réussi cet exercice pour la première fois au cours d'une soirée bien arrosée entre amis.

Cela n'a rien de difficile, ne demande aucun effort; mais c'est justement cette "absence d'effort" qui rend la première expérience délicate. Toute notre éducation en effet nous porte à l'effort. L'effort est chez nous une seconde nature et il nous faut parfois plusieurs essais pour vaincre cette habitude.

VOUS AVEZ RÉUSSI À FAIRE TOURNER LE PENDULE

Entraînez-vous pendant quelques jours à faire changer les mouvements du pendule. Les ordres à donner au pendule sont :

- "Tourne dans le sens des aiguilles d'une montre" (vous pouvez omettre "tourne").
- "Oscille d'avant en arrière" (vous pouvez omettre "d'avant en arrière").
- "Tourne dans le sens inverse des aiguilles d'une montre" (vous pouvez omettre "tourne").
- "Stop" (reste immobile).

Vous devez parvenir à donner ces ordres très rapidement les uns derrière les autres en obtenant à chaque fois le mouvement désiré. Vous devez bien sûr tenir compte des "lois de la physique". Si votre pendule est, par exemple, en rotation dans le sens des aiguilles d'une montre vous ne pouvez lui donner que deux ordres : "oscille ou stop". Il est inutile de lui donner l'ordre de tourner en sens inverse. Les lois de la physique s'opposent à ce que le pendule puisse exécuter cet ordre sans passer par une phase d'oscillation.

Au cours de cet entraînement, apprenez à repérer le "petit choc" donné par le fil du pendule lorsque celui-ci change de mouvement.

Une fois que vous aurez maîtrisé cet entraînement, vous serez capable de choisir parmi un certain nombre de pendules du même modèle, ou de modèles différents, celui qui vous convient le mieux. C'est toujours celui qui réagit le plus rapidement à vos ordres.

CHAPITRE DEUX

DIFFÉRENTES SORTES DE PENDULES ÉGYPTIENS

A. LES VRAIS PENDULES ÉGYPTIENS ET LEURS IMITATIONS.

Sous ce nom, nous rassemblons les modèles de pendules qui, si l'on ne regarde que leur forme, semblent au premier abord identiques. Ce sont tous des reproductions de l'amulette Ouadj.

Pendule égyptien en bois, lesté

1. LE PENDULE ÉGYPTIEN EN BOIS, LESTÉ

L'original du pendule égyptien était en grès. De Bélizal et Morel imaginèrent de le faire fabriquer en bois de fer, et de lester ce pendule avec du plomb pour qu'il ait le même poids que le pendule original. Depuis, ce modèle a été copié par de nombreux fabricants avec plus ou moins de bonheur.

Le pendule égyptien peut être en bois de fer, ébène, ou buis, lesté. Ces trois modèles sont équivalents. Madame Barrès, radiesthésiste de Bordeaux (aujourd'hui décédée), fit fabriquer des pendules égyptiens à partir de ces trois bois.

La raison ne résidait pas dans certaines propriétés particulières des bois en question. Plus prosaïquement, il s'agissait de contraintes techniques et économiques. A chaque fois qu'elle se vit imposer par un artisan une essence nouvelle, elle recalcula le "lestage" du pendule de façon que celui-ci corresponde aux normes fixées par De Bélizal et Morel.

Les caractéristiques de ce pendule sont :

■ ***Réactions aux ordres mentaux :***
Un battement avant la réaction, mais celle-ci est très nette. Il en est de même en détection.

■ ***Caractéristiques en émission :***
L'émission est "puissante" et ce pendule peut en la matière avoir un usage universel.

■ ***Inconvénients :***
Certaines personnes trouvent qu'en cas d'usage intensif en détection ou en émission ce pendule est "fatigant". J'en ai parfois entendu dire : "Il me pompe". En réalité, je crois que le phénomène tient à une mauvaise attitude intérieure des utilisateurs, qui s'impliquent personnellement dans le but poursuivi par la

recherche ou l'émission. En effet, en émission un pendule peut fonctionner de deux façons. Soit le radiesthésiste est détaché du but ou de la recherche, le pendule utilise alors des énergies "cosmiques" et ne fatigue pas le radiesthésiste.

Soit le praticien s'implique personnellement, et dans ce cas, il fait écran à "l'énergie cosmique" ; le pendule utilise alors son énergie vitale, et la recherche ou l'émission deviennent rapidement "épuisantes".

Cet inconvénient est également un avantage : même si vous n'êtes pas totalement détaché, le pendule fonctionne correctement. Ce n'est pas le cas de tous.

Les constructeurs affirment, comme l'affirmaient De Bélizal et Morel, que tous ces pendules sont peu sensibles aux imprégnations. C'est vrai, sauf si le radiesthésiste les imprègne volontairement... Dans ce cas, ils "tiennent la charge aussi longtemps que nécessaire", et cette propriété est bien utile.

2. LE PENDULE EN GRÈS

Le modèle fut lancé par Jean de la Forêt, un autre héritier de Chaumery et De Bélizal. Il présente à peu de choses près les mêmes caractéristiques et les mêmes possibilités que le pendule décrit ci-dessus.

■ ***Réactions aux ordres mentaux :***
Elles sont plus lentes que celles du pendule lesté et moins nettes. Il en est de même en détection.

■ ***Caractéristiques en émission :***
Il semble que l'émission soit tout aussi puissante, mais plus lente qu'avec le pendule ci-dessus...

Si par exemple avec le pendule en bois lesté il fallait 10 girations volontaires pour charger un objet, il en faudra environ 14 avec le pendule en grès. En revanche, ce pendule reste très efficace même si les girations sont lancées par un mouvement de la main.

C'est donc le pendule idéal pour ceux qui se désintéressent de la radiesthésie dans son ensemble.

■ ***Inconvénients :***

Il demande une attitude mentale rigoureuse. Si vous vous impliquez trop dans la recherche ou dans l'émission, il ne vous fatiguera pas, mais votre travail sera sans effet : il cessera en effet d'émettre... ou de recevoir.

3. LES PENDULES ÉGYPTIENS EN COMPOSITE

Créés au cours des années 80 ces pendules présentent certaines caractéristiques du pendule égyptien original.

■ ***Réactions aux ordres mentaux :***

Cela dépend du praticien. Certains obtiendront des réactions plus lentes encore qu'avec les deux pendules précédents, d'autres des réactions bien plus rapides. Il en sera de même au cours des recherches.

Nous ignorons la raison de cet état de fait. Il est probable que la composition du matériau (résine et poudre de pierre) en est responsable.

■ ***Caractéristiques en émission :***

La situation est la même, certains praticiens sont extrêmement satisfaits de ce type de pendule en émission, d'autres le trouvent inefficace.

Personnellement, nous avons obtenu avec ce type de pendule des résultats tout à fait corrects, mais de longues années de pratique avec les pendules les plus divers nous ont donné une grande faculté d'adaptation.

■ ***Inconvénients :***

Ils sont difficiles à situer, car ils varient d'un utilisateur à l'autre. Certains le trouveront fatigant (il les "pompe" comme le pendule en bois lesté), d'autres lui reprochent de "décrocher" comme le pendule en grès.

CONCLUSION

Nous pensons que cette analyse est faussée par les aspects psychologiques du problème. Certains praticiens, férus d'écologie et de nature, n'admettront jamais qu'un pendule fabriqué avec un matériau synthétique puisse fonctionner correctement. D'autres, séduits par la nouveauté de l'objet fantasmeront sur les résultats obtenus. D'autres enfin resteront objectifs.

4. LES PENDULES ÉGYPTIENS EN BOIS, NON LESTÉS

Comme le pendule égyptien en composite, ils n'ont du pendule égyptien que la forme. Cela est néanmoins suffisant pour qu'ils aient en commun avec lui certaines propriétés... Ici l'analyse devient délicate. Tous les "pendules égyptiens" en bois, non lestés ressemblent au pendule égyptien original. Ils lui ressemblent, mais c'est tout : leurs formes, leurs proportions sont généralement différentes de celles du pendule égyptien, et, suivant les fabricants, tous les pendules égyptiens en bois, non lestés n'ont pas forcément la même forme. Ils diffèrent également par leur poids, lequel dépend du bois utilisé.

■ ***Réactions aux ordres mentaux :***

Généralement ces pendules sont moins denses que les trois pendules précédents, donc leurs réactions aux ordres mentaux sont plus lentes. Ils réagissent plus lentement également en recherche. Par ailleurs, étant moins denses, ils sont plus sensibles au vent et leurs réactions (même sans vent) sont moins nettes.

■ ***Caractéristiques en émission :***

Ces pendules sont très divers. Certains "émettront" comme de vrais pendules égyptiens. D'autres ne le feront pas. La plupart du temps, ces pendules, même quand ils émettent, le font avec une puissance bien moindre. Là où avec un vrai pendule égyptien il faut 10 oscillations, il en faudra 20 ou 30. Par ailleurs, ils exigeront souvent de l'opérateur un "effort de concentration considérable".

■ *Synthèse :*

En recherche, certains pendules égyptiens en bois, non lestés sont presque équivalents à des pendules égyptiens en bois, lesté. En revanche, en émission, leurs performances sont (pour ceux que j'ai testés), inférieures.

Ceci dit, en recherche, il est des radiesthésistes qui les préfèrent aux pendules égyptiens lestés, **parce qu'ils sont d'après eux "moins fatigants".**

Notez, que compte tenu de la diversité des formes et des essences, il est difficile d'affirmer quoi que ce soit à propos de cette catégorie de pendules.. Ils existent sous des formes différentes en acajou, bois de fer, etc…

Pendule en acajou

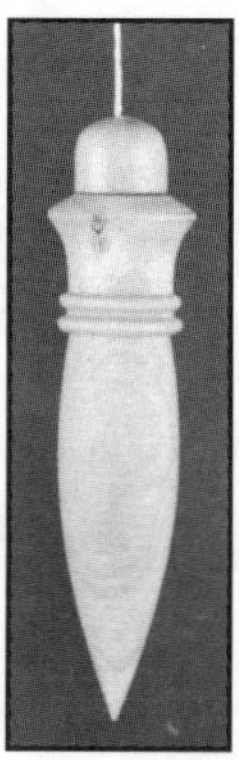

Pendule en buis

5. LE PENDULE ÉGYPTIEN EN NÉPHRITE

En principe, ce pendule devrait être **le meilleur de tous.** En effet, bien que l'amulette Ouadj trouvée par Chaumery et De Bélizal ait été en grès, le Livre des Morts précise qu'elle doit être en felspath vert...

Le pendule en néphrite (amphibole), plus communément appelée jade, est ce qui se rapproche le plus de la description du Livre des Morts.

Il devrait être meilleur que l'original qu'ont utilisé Chaumery et De Bélizal.

Dans la pratique, ce n'est pas toujours le cas. La pierre ne se travaille pas avec la même facilité que le bois. Il en résulte qu'entre deux pendules en néphrite apparemment identiques il existe bien plus de différences qu'entre deux pendules en bois de même modèle.

Pour en avoir, il y a quelques années, testé de nombreux modèles, nous savons que certains sont très bons ; entendez par là qu'ils présentent les mêmes propriétés que les pendules en grès ou les pendules en bois lesté en étant plus rapides tant en réception qu'en émission.

D'autres, peu nombreux, il est vrai, ne se révèleront pas plus performants qu'un pendule de bois.

Enfin, la plupart d'entre eux seront équivalents soit à un pendule égyptien en bois lesté, soit à un pendule en grès.

En revanche, ce modèle de pendule égyptien est le seul qui puisse être porté comme une "amulette Ouadj" pour protéger la santé.

Les pendules égyptiens en argile naturelle

Les réactions aux ordres mentaux sont lentes et peu nettes. Il ne faut l'utiliser que pour les travaux en émission. "Il a été mis au point pour focaliser votre pensée sur l'aspect de la vie qui vous préoccupe, (argent, forme psychique, joie de vivre, amour, jeu, etc...)" précise le constructeur.

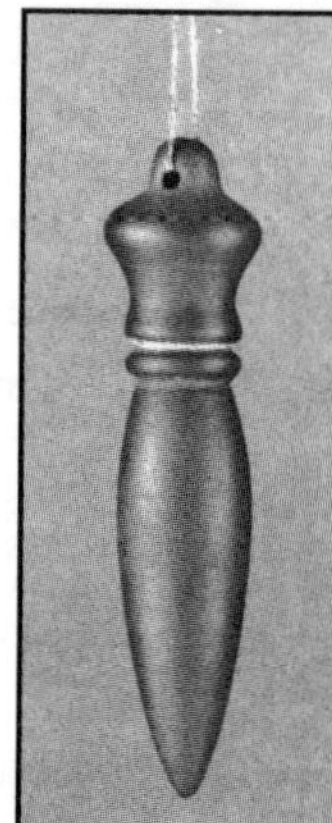

Pendule en argile

Dans ce domaine, il ne nous semble néanmoins pas plus performant qu'un pendule en bois lesté ou un pendule en grès. Ceci dit, il est sûr que certains radiesthésistes contrediraient cette analyse.

En radiesthésie, les critères subjectifs peuvent parfois compter autant que les critères objectifs, et le fait que ce pendule soit **fait à la main** et en argile, peut pour certains opérateurs, constituer un "plus" important. (J'ai connu des opérateurs qui travaillaient mieux avec un mauvais pendule en cristal (1) - mal équilibré et peu sensible - qu'avec un bon pendule en laiton).

B. Les pendules de substitution.

Sous ce titre nous rassemblons des pendules qui, sans être pour autant des pendules égyptiens (des reproductions de l'amulette Ouadj) présentent sur le plan radiesthésique à peu près les mêmes propriétés.

(1) Nous prenons cet exemple, parce qu'il existe de très bons et de très mauvais pendules en cristal.

1. LE PENDULE OSIRIS

Ce pendule, largement inspiré des travaux de Chaumery et De Bélizal se révèle efficace en détection et en émission.

Ce pendule peut remplacer le pendule égyptien, sans pour autant présenter la même efficacité, surtout lorsqu'il s'agit d'émission "d'ondes abstraites".

On appelle "ondes abstraites" en radiesthésie toute émission de type "magique".

2. LE PENDULE DJED D'OR

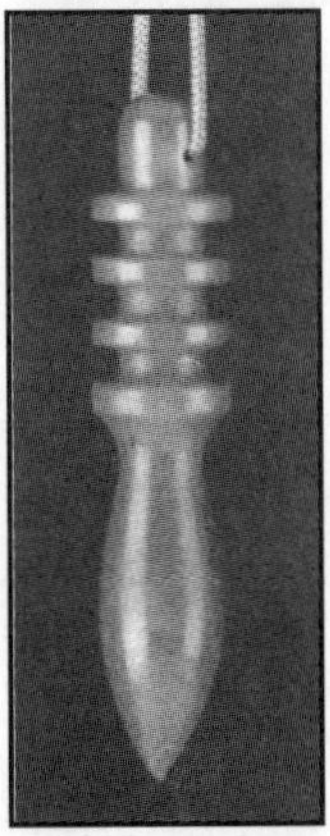

Selon une opinion répandue parmi les radiesthésistes physiciens, ce pendule a la particularité d'émettre naturellement en V+E selon la classification de Chaumery et De Bélizal.

Il éviterait donc au "mental de l'opérateur" d'influer sur l'émission ou la recherche.

C'est donc un pendule à utiliser avec des témoins d'émission.

3. LE PENDULE DES BÂTISSEURS

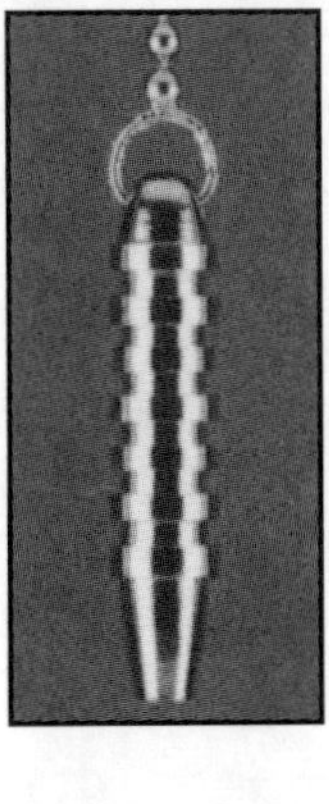

En étant le concepteur, je trouve que c'est incontestablement le meilleur. Il peut se substituer au pendule égyptien dans toutes ses applications. Son principal avantage est sa rapidité de réaction, qui évite tout risque de suggestion.

4. LE PENDULE DE THOT EN CÉRAMIQUE

Il ressemble tellement à un pendule égyptien, qu'on se demande s'il n'a pas changé de nom par coquetterie (il est très beau). Je l'ai trouvé pratiquement aussi fiable et rapide en émission et en réception que le pendule des bâtisseurs. Un seul défaut, son coût élevé, et peut-être sa fragilité. Je dis "peut-être" étant donné que par souci d'économie je ne l'ai pas fait tomber sur un carrelage.

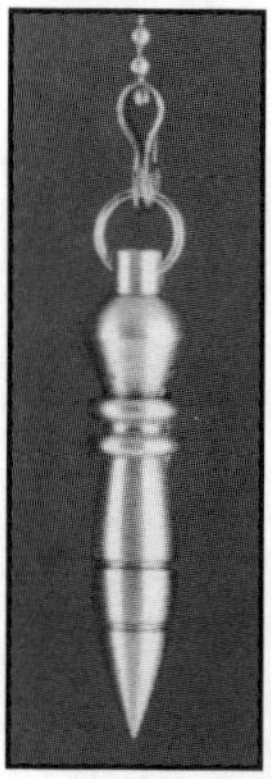

5. LES PENDULES ET MINI PENDULES ÉGYPTIENS EN MÉTAL

En général, quand la chaîne est bien souple, ces pendules réagissent rapidement aux ordres mentaux, et donc répondent rapidement durant les recherches. En émission, ils conviennent pour la charge de petits objets et pour de "petits travaux" d'influence à distance. Je ne pense pas qu'ils puissent remplacer dans tous les cas les autres modèles décrits dans ce livre, mais je ne les ai pas testés suffisamment pour pouvoir l'affirmer. Il ont un grand avantage, leur prix peu élevé. On doit aussi porter à leur crédit leur faible encombrement.

Le mode d'emploi proposé dans ce livre convient à l'ensemble de ces pendules.

CHAPITRE TROIS

NOTIONS FONDAMENTALES

Nous conseillons aux lecteurs qui ont passé le chapitre 1 sous prétexte qu'ils possèdent déjà un pendule égyptien de lire attentivement et de n'entreprendre les exercices de ce chapitre qu'après avoir maîtrisé les exercices du chapitre 1.

1. CONSIDÉRATIONS GÉNÉRALES :

Comme vous l'avez constaté, moins vous faites d'effort, mieux le pendule réagit ! Ceci démontre que la **concentration radiesthésique** n'est rien d'autre qu'un **apaisement du mental.** Il en résulte que la clé de la radiesthésie est une forme **d'indifférence par rapport au résultat de la recherche.** Ceci explique pourquoi de nombreux radiesthésistes qui obtiendront d'excellents résultats sur des recherches concernant une tierce personne se révèleront incapables d'effectuer une recherche pour leur propre compte.

En radiesthésie mentale, le pendule n'est rien d'autre que **"l'amplificateur de vos propres perceptions"...** Il en résulte qu'il peut également réagir à vos émotions, vos impatiences, vos doutes. Par exemple, si vous recherchez une personne disparue et que vous espérez la trouver vivante, **vous la trouverez forcément vivante, même si c'est faux.** A l'inverse, si le récit que l'on vous a fait des circonstances de sa disparition vous fait craindre le pire il est probable que vous la trouverez décédée, même si c'est faux.

2. COMMENT TRAVAILLE LE PENDULE EN RADIESTHÉSIE MENTALE

En radiesthésie mentale le pendule est "programmé" pour répondre par un code comportant généralement deux réponses possibles **OUI *ou* NON** (En fait, ce n'est pas le pendule qui est programmé, c'est le radiesthésiste qui s'auto-programme, mais dans la pratique, cela ne change rien).

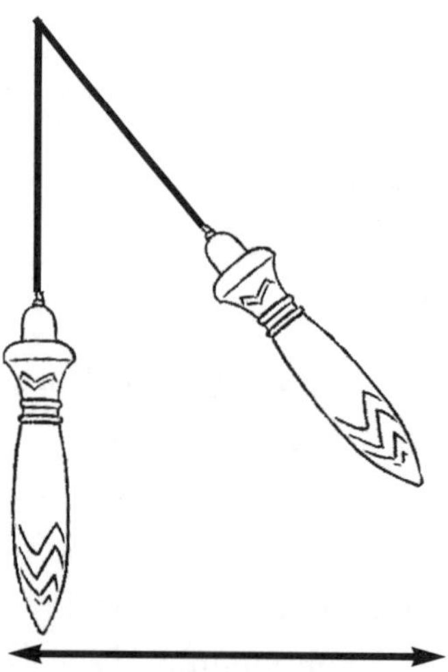

1 - Oscillations longitudinales. Le mouvement a lieu dans le prolongement de la main du radiesthésiste. Au début de toute recherche vous devez lancer votre pendule de cette façon.

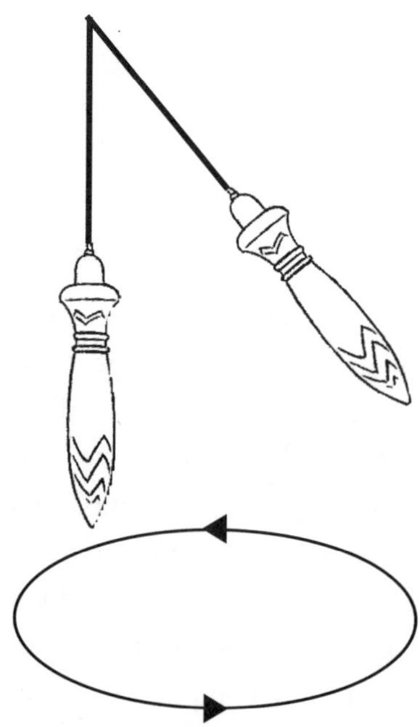

2 - Giration du pendule : le passage de l'oscillation à la giration est une réaction du pendule. Il marque une réponse qui se traduit par Oui ou Non suivant le sens de la giration et le code (ou convention mentale) adopté.

A partir de ce principe les radiesthésistes ont imaginé de nombreuses variantes. Nous allons exposer quelques-unes de ces variantes, mais retenez que plus un code est simple, plus il est efficace.

Avant toute autre chose, votre premier travail est de choisir le code que vous utiliserez.

Souvenez-vous, qu'une fois que vous aurez choisi un code, il vous sera difficile d'en changer.

a- Le code classique :

Ce code est celui adopté par la grande majorité des radiesthésistes. Ils décident que, le pendule étant lancé en oscillation au début de la recherche,

- **OUI** se traduit par une giration dans le sens des aiguilles d'une montre.
- **NON** se traduit par une giration en sens inverse des aiguilles d'une montre.

■ ***Les avantages de ce code :***
Parce que le **OUI** et le **NON** se traduisent tous deux par un mouvement du pendule, vous pouvez l'utiliser sans avoir auparavant testé le "temps de réaction du pendule". L'utilisation d'un nouveau pendule n'implique en principe aucun apprentissage.

■ ***Les inconvénients de ce code :***
Il est binaire et donc sans nuance. Vous n'avez aucun moyen de savoir si votre question est pertinente.

Notez que certains radiesthésistes préfèrent inverser ce code, cela ne change rien aux résultats obtenus, ni à la méthode.

b- Le code type du pendule des bâtisseurs :

C'est notre méthode personnelle, et elle permet d'avoir un code que j'ai appelé : refus de réponse. Le refus de réponse signale à l'opérateur que la question est mal posée ou inadaptée à la réalité étudiée.

Le pendule est lancé en oscillation au début de la recherche.

Oui correspond à une giration dans le sens des aiguilles d'une montre.

Non correspond à une absence de réaction du pendule.

Refus de réponse correspond à tout autre mouvement du pendule (giration en sens inverse des aiguilles d'une montre ou changement de la direction des oscillations).

■ ***Les avantages de ce code :***

L'existence du code **"refus de réponse" évite d'engager une recherche** dans une voie erronée. Il se révèle précieux à l'usage et réduit considérablement le nombre de questions à poser au cours d'une recherche.

Voici un exemple vécu qui met en évidence l'utilité du refus de réponse.

Un éleveur, ayant trouvé une source sur ses terres en creusant les fondations d'un abri pour son bétail, prélève un échantillon d'eau et va voir le radiesthésiste local. Pouvait-il alimenter un abreuvoir pour ses vaches avec cette eau ?

Le radiesthésiste local pose cette question : "est-elle potable ?" Le pendule répond **oui.**

Le radiesthésiste avait raison. L'eau était potable, au sens où le sont certaines eaux minérales. Quelques mois plus tard, les vaches qui avaient séjournées sur le terrain et n'avaient bu que cette eau étaient malades. Cette eau ne convenait pas à une consommation quotidienne. **La question posée n'était pas adaptée à la situation.** L'existence d'un code refus de réponse aurait permis d'éviter cette bourde. Le pendule aurait signalé au radiesthésiste que la question posée ne correspondait pas à la situation, **qu'elle n'était pas pertinente.**

■ ***Les inconvénients de ce code :***

Le principal, peut-être même le seul inconvénient de ce code est l'absence de réaction pour le **non**. Il oblige le radiesthésiste à avoir conscience du temps de latence de son pendule. Par exemple, si vous travaillez avec un pendule des bâtisseurs, vous pouvez poser une question par seconde (si votre pendule n'a pas réagi au bout d'une seconde, c'est **non**). Si vous utilisez un pendule égyptien lesté, il faut ralentir votre rythme à une question toutes les quatre secondes environ. Le pendule égyptien a un temps de latence d'environ 3 secondes.

Il en résulte que l'utilisation d'un nouveau pendule implique un nouvel apprentissage. Cet apprentissage est très court. Vous prenez le pendule, vous lui donnez un ordre mental. Certains pendules réagiront dans l'oscillation en cours, d'autres ne réagiront qu'à la seconde ou à la troisième oscillation. C'est ce temps de latence qui vous indique à quel rythme vous pouvez poser vos questions.

c- *Observation à propos de ces deux méthodes :*

Le choix entre ces deux méthodes est une question de goût. La méthode classique est plus instinctive, certains ne s'habitueront jamais à considérer une absence de réaction du pendule comme un non. La méthode pendule des bâtisseurs est plus rationnelle, mais moins naturelle à priori pour le mental de l'opérateur. De toutes façons l'une n'est pas plus difficile à maîtriser que l'autre.

Néanmoins, il faut noter que la méthode dite du "pendule des bâtisseurs" est plus adaptée aux recherches sur liste et sur plan. Par ailleurs, on passe très naturellement de la radiesthésie mentale à la radiesthésie physique lorsqu'on est habitué à l'absence de code "non".

2. APPRENTISSAGE DE LA MÉTHODE CLASSIQUE.

Munissez-vous de plusieurs morceaux de papier de couleurs différentes. Pour l'exemple considérons que vous avez un papier bleu, un papier jaune, un papier vert... mais vous pouvez avoir choisi d'autres couleurs. Pour cet apprentissage, vous n'allez pas jouer les devins. Il s'agit simplement de prendre conscience de la façon dont réagit votre pendule.

a- Description de l'exercice :

Tenez votre pendule comme indiqué au chapitre 1, ou selon votre méthode habituelle si vous connaissez déjà la radiesthésie. Placez un papier sous le pendule, et énumérez les couleurs.

Nommez en dernier la couleur du papier que vous avez posé sous le pendule.

Par exemple, vous avez placé le papier bleu sous le pendule.

Lancez votre pendule en oscillation.

Vous pensez "rouge". Le pendule réagit négativement.

Cette réaction est plus ou moins rapide, plus ou moins nette. Voyez les encadrés :

- **réaction trop lente ;**
- **réaction pendulaire désordonnée.**

Ils vous aideront à trouver la longueur de fil idéale pour travailler avec votre pendule.

Une fois que vous aurez trouvé cette longueur avec le rouge, continuez l'exercice en faisant réagir le pendule sur les noms des autres couleurs. Votre pendule doit réagir négativement à chaque fois, sauf quand vous énoncerez la couleur du papier testé.

b- Technique :

Formuler les questions.

Vous devez énoncer les noms de couleurs avec la même indifférence et la même passivité que vous aviez dans l'exercice du chapitre 1 pour donner les ordres mentaux.

NEUTRALISER LA RÉACTION PENDULAIRE

Vous avez dit "rouge". Votre pendule a réagi négativement. Avant d'énoncer le nom d'une autre couleur, il faut le ramener en oscillations d'avant en arrière. Pour cela, lancez l'ordre mental "oscille". Personnellement j'ai convenu par convention mentale (à l'époque ou j'utilisais cette méthode) que le mot **"neutre"** relançait le pendule en oscillations. C'est seulement quand le pendule aura réagi à cet ordre que vous pourrez énoncer le nom d'une nouvelle couleur.

RÉGLAGE DE LA LONGUEUR DU FIL

Tant que la longueur du fil n'est pas idéale, considérez que, si après avoir rectifié le réglage, le pendule est revenu en oscillations longitudinales, il est à nouveau en oscillations neutres. Répétez ce test (ne changez pas le papier sous le pendule) jusqu'à ce que vous ayez trouvé la longueur idéale, à savoir celle qui vous donne à la fois une réaction rapide et une giration bien nette. Notez que cette longueur idéale varie suivant l'opérateur, c'est en quelque sorte votre "longueur d'onde personnelle"; celle qui vous accorde avec **ce pendule particulier.**

Réaction trop lente : tirez légèrement sur le fil de votre pendule de façon à rapprocher la masse pendulaire de vos doigts. Le pendule doit se trouver en principe à environ 10 cm de vos doigts; mais certains seront plus à l'aise en travaillant "très court", et d'autres en travaillant "plus long". **Notez que plus on travaille court, plus le pendule réagit vite.**

Réaction pendulaire désordonnée : le pendule a réagi mais il ne tourne pas dans le sens voulu. Il oscille en biais sans vraiment entrer en giration ; **vos doigts sont probablement trop près du pendule.** Le phénomène peut également se produire si votre fil est vraiment trop long (plus de 15 cm).

Un pendule se compose de deux parties : le fil (ou la chaine) et la masse pendulaire.
Les conditions physiques du bon fonctionnement d'un pendule sont régies par les rapports entre le fil et la masse.

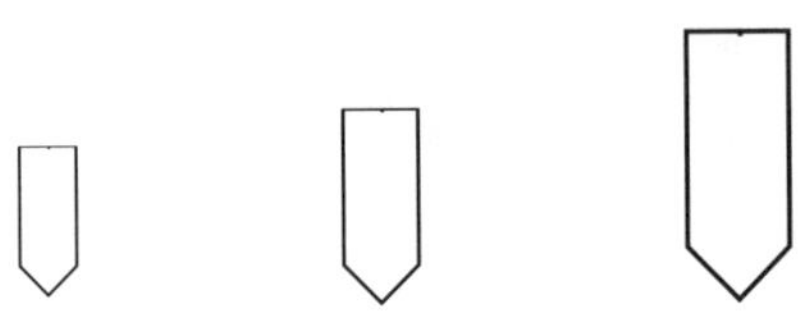

Point 1 : Plus la masse est grosse, plus elle offre de résistance à l'air, donc plus elle doit être dense.
Point 2 : Plus le fil est rigide et lourd, moins le pendule réagit.

3. APPRENTISSAGE DE LA MÉTHODE "PENDULE DES BÂTISSEURS".

Munissez-vous de plusieurs morceaux de papier de couleurs différentes. Pour l'exemple considérons que vous avez un papier bleu, un papier jaune, un papier vert... mais vous pouvez avoir choisi d'autres couleurs.

a- Description de l'exercice :

Tenez votre pendule comme indiqué au chapitre 1, ou selon votre méthode habituelle si vous connaissez déjà la radiesthésie. Placez un papier sous le pendule, et énumérez les couleurs.

Nommez en premier la couleur du papier que vous avez posé sous le pendule.

Par exemple, vous avez placé le papier bleu sous le pendule.

Lancez votre pendule en oscillation.

Vous pensez " bleu" : le pendule réagit positivement.

Cette réaction est plus ou moins rapide, plus ou moins nette. Voyez les encadrés ci-dessus :

- **réaction trop lente ;**
- **réaction pendulaire désordonnée.**

Ils vous aideront à trouver la longueur de fil idéale pour travailler avec votre pendule.

Une fois que vous aurez trouvé cette longueur avec le bleu, continuez l'exercice en faisant réagir le pendule sur les noms des autres couleurs. Votre pendule ne doit plus réagir.

b- Technique :

La technique est la même que pour la méthode classique. Simplement, il vous faut prendre conscience du temps de "latence" de votre pendule, qui est toujours le même. Recommencez donc plusieurs fois l'expérience en changeant le morceau de papier que vous placez sous le pendule.

Attachez-vous à repérer le "choc" de démarrage du pendule sur votre doigt, lequel doit vous faire réagir instantanément. Cela permet de procéder à une recherche en "oubliant" le pendule qui vous rappelle sa présence en réagissant.

EXPÉRIENCE À FAIRE

1 Lancez un pendule en oscillations, donnez lui l'ordre d'entrer en rotation.

2 Stoppez le.

3 Lancez le à nouveau en oscillations, et essayez par un mouvement imperceptible de la main de transformer ces oscillations en girations.

4 **Dans le second cas, le temps de latence du pendule est plus long que dans le premier, et vous ne sentez pas sur votre index le "petit choc" qui traduit le démarrage du pendule.** La capacité à différencier ces deux sensations est l'une des clés de l'efficacité en radiesthésie.

4. VOS PREMIÈRES RECHERCHES :

La coutume veut que l'on propose au radiesthésiste une série de recherches test : reconnaître les couleurs de morceaux de papier enfermés dans des enveloppes, reconnaître l'eau sucrée parmi une série de verres d'eau, etc... Tout cela n'est pas très original et a été décrit cent fois. Le principe est toujours le même. Le radiesthésiste essaye de repérer parmi une série d'objets celui ou ceux répondant au critère de la recherche. En revanche, ce qui est très important et qui est rarement expliqué, c'est que ces expériences sont presque toujours biaisées, soit pour des raisons psychologiques, soit pour des raisons "occultes". Le résultat, c'est que le radiesthésiste fait des erreurs et perd confiance en lui-même.

Notez qu'une recherche expérimentale est toujours bien plus difficile qu'une recherche sur un cas concret. Je connais de très bons radiesthésistes qui n'ont jamais obtenu que des résultats minables dans leurs recherches expérimentales. Le mieux est toujours de travailler sur des cas concrets, vérifiables.

a- Enveloppes et couleurs :

Prenons pour exemple une expérience type. On place des cartons dans des enveloppes. Parmi tous ces cartons, le radiesthésiste doit repérer un carton rouge, ou un carton portant du rouge.

Limitez le nombre d'enveloppes (de 5 à 10 enveloppes). Prenez des enveloppes de petit format (genre carte de visite), c'est plus maniable.

Prenez 5 à 10 cartons identiques, par exemple des cartes de visite à la taille des enveloppes. Marquez l'une des cartes en collant sur elle une gommette rouge (c'est plus rapide que de peindre le carton en rouge). Fermez les enveloppes, mélangez les, entourez le paquet d'un élastique et oubliez-le dans un tiroir pendant quelques jours. **C'est seulement dans quelques jours que vous aurez réellement oublié où se trouve l'enveloppe contenant le carton marqué de rouge.**

Notez que le mieux est de préparer plusieurs séries d'enveloppes, par exemple 10 séries de 5 enveloppes, de ranger le tout dans un sac, et, pour la recherche de prendre une série au hasard.

Prévoyez, lorsque vous entreprendrez votre recherche, une réserve d'enveloppes, de cartes, de gommettes. Nous verrons plus tard pourquoi.

Pour procéder à la recherche, placez un paquet d'enveloppes par exemple à votre gauche.

Prenez une de ces enveloppes, posez-la sous le pendule, posez votre question. Il suffit de penser **"rouge".**

Si la réponse du pendule est négative, placez l'enveloppe à votre droite.

Si la réponse du pendule est positive ouvrez l'enveloppe.

Vous avez bien trouvé l'enveloppe contenant la carte marquée de rouge, bravo !

Refermez l'enveloppe, rassemblez toutes les enveloppes de la série, celles que vous avez testées et les autres, reliez les avec un bracelet élastique et rangez cette série dans une boite ou une corbeille prévue à cet usage.

VOUS AVEZ COMMIS UNE ERREUR

Jetez l'enveloppe et la carte dans une corbeille à papier, et remplacez la par une enveloppe neuve et une carte neuve. Vérifiez une par une les enveloppes déjà testées. Si la carte marquée se trouve parmi elles, remplacez-la également.

POURQUOI CES ERREURS

Les expériences menées aux USA dans le cadre de la Duke University ont montré que tout objet ayant été perçu par un sujet psy est "marqué" par cette perception. C'est ce qu'en radiesthésie on connaît depuis bien longtemps sous le nom de **"rémanence".** Si vous avez cru même une seule fois que cette carte blanche était marquée de rouge, elle émettra désormais - vous diront les radiesthésistes physiciens - l'onde du rouge... Résultat, chaque fois que vous, ou un autre radiesthésiste testerez cette carte, vous referez la même erreur.

A l'inverse, une carte que vous avez perçue correctement verra son signal "renforcé". Vous, ou un autre radiesthésiste, la détecterez plus facilement qu'une carte neuve.

Mais revenons à notre expérience.

Vous avez testé toutes les enveloppes, et le pendule n'a réagi sur aucune enveloppe ou vous a répondu "non" sur toutes les enveloppes (suivant la méthode que vous utilisez). Dans ce cas, interrompez votre entraînement jusqu'à demain, vous étiez sûrement trop contracté.

N'oubliez pas d'éliminer et de remplacer l'enveloppe et la carte marquée sur laquelle vous avez dans ce cas forcément commis une erreur.

Si vous avez déclaré marquée la dernière enveloppe alors que c'était faux :

remplacez cette enveloppe et l'enveloppe marquée par des cartes et des enveloppes neuves. Sachez que votre seconde erreur est probablement liée à un phénomène d'autosuggestion. Ajoutez à l'avenir, à vos séries de cartes, une ou plusieurs séries d'enveloppes ne contenant que des cartes blanches. Vous augmentez ainsi la difficulté de l'exercice, mais vous rendrez impossible ce genre d'autosuggestion.

Vous pouvez imaginer beaucoup d'autres recherches expérimentales.

Faites attention de respecter les règles "d'asepsie occulte" qui évitent les rémanences. Par exemple, si parmi une série de verres qui contiennent de l'eau, vous recherchez celui qui contient de l'eau salée, demandez à la personne qui vous prépare cette expérience d'utiliser des verres en matière plastique jetables, rigoureusement neufs.

Vous pouvez également rencontrer d'autres causes d'échec.

Travaillez toujours seul. Toute personne qui assiste à votre recherche peut "croire"avoir trouvé ce que vous recherchez, ou même simplement essayer de le deviner. Ceci suffit à vous faire échouer dans une recherche. **Une tierce personne peut involontairement influencer le pendule que vous tenez à la main.**

Il faut comprendre qu'en étant détaché de votre recherche, vous vous mettez dans un état proche de l'état de réception nécessaire à la pratique de la télépathie. Il en résulte que vous pouvez toujours être influencé par une tierce personne. Quand vous travaillez face à un consultant, arrangez-vous pour qu'il ne sache pas ce que vous recherchez. Vous éviterez qu'il ne vous influence.

b- Travaillez sur des cas concrets :

Ceci dit, nous vous conseillons si vous en avez la possibilité de travailler sur des cas concrets vérifiables. En voici quelques exemples :

Vous avez un ami qui exerce la profession de coursier ou de représentant. Enfin, une profession ou l'on se déplace beaucoup et où l'on note l'heure à laquelle on se trouve à tel ou tel endroit. Essayez de le situer plusieurs fois par jour.

Supposons que votre ami travaille dans Paris ou une autre grande ville divisée en arrondissements. Regardez l'heure. Prenez votre pendule, et dites "où est untel ?" puis énumérez les arrondissements. Le soir, téléphonez à votre ami pour savoir si vos résultats sont bons. Si vous vivez en province, vous pouvez énumérer les quartiers de la ville ou les villages de la région.

Notez que plus vous choisissez des exemples sans enjeu, plus vous avez de chances de réussir. Or, plus vous réussissez, plus votre entraînement est efficace.

Observez votre environnement, vous verrez qu'il y a un grand nombre de recherches vérifiables et sans enjeu qui s'offrent à vous au jour le jour.

A l'époque ou je débutais en ce domaine, je me promenais avec mon pendule dans la poche. Voyais-je une personne franchir la porte d'un marchand de journaux que je sortais mon pendule et lui demandais si la personne ressortirait avec des quotidiens, des magazines, ou les deux.

J'avais trouvé à l'époque un terrain de recherche tout à fait amusant, les travaux de garagistes. Vous donnez votre véhicule à réviser. En général, le garagiste vous fait la surprise de trouver quelques pièces qu'il est urgent de changer.

Chaque fois que je confiais ma voiture à un garagiste, j'essayais sur une liste préétablie de deviner au pendule sur quelle partie de la voiture il interviendrait.

Ceci nous amène à un second exemple de recherche en grandeur réelle, et à une nouvelle technique, la recherche sur liste.

c- La recherche sur liste :

J'avais préparé deux listes ; la première visait les grandes fonctions de l'automobile. La voici :

- Bloc-moteur.
- Circuit de freinage.
- Circuit de refroidissement.
- Carburation.
- Allumage.
- Embrayage.
- Direction.
- Suspension.
- Train de roulement.
- Autre.

La seconde liste concernait la nature des pièces changées.

- Fixations.
- Tuyauterie.
- Pièces mobiles.
- Autres.

Pour faire une recherche de ce type il faut :

- Les listes ci-dessus.
- Un crayon ou une baguette pour pointer la liste.
- Votre pendule.

Pointez un par un les éléments de la première liste. La question mentale que vous énoncez avant la recherche est "Va-t-il changer une pièce dans...".

Notez soigneusement les parties du véhicule qui donnent des réponses positives.

Prenez ensuite la deuxième liste, et si par exemple, le secteur allumage a été sélectionné, formulez la question : "Quelle type de pièce dans l'allumage ?" Personnellement, je considérais dans ce cas que "tuyauterie" désignait des conducteurs électriques. Je procédais exactement comme pour les parties du véhicule énumérées dans la première liste. J'ai obtenu avec cette méthode d'excellents résultats, bien meilleurs qu'avec des recherches expérimentales.

Non seulement on peut faire cette recherche pour son propre véhicule, mais on peut aussi la faire pour les voitures appartenant aux amis et à la famille. Ajoutons que ce procédé peut s'appliquer à tout objet technologique nécessitant des réparations ou des révisions...

Il est possible de concevoir des listes pour tous les objets (télévision, radio, magnétophone, répondeur, etc...). Il est possible également de concevoir des listes concernant les problèmes de l'être humain. Par exemple, on peut essayer non pas de faire un diagnostic, mais de prévoir ce que va ordonner un médecin ou de deviner ce qu'il a déjà ordonné à un proche. C'est un très bon exercice en phase d'entraînement. Nous avons conçu une liste pour cela. Bien entendu elle peut être améliorée.

Séjour :

- Arrêt de travail.
- Sortie autorisée.
- Garder la chambre.

Examens biologiques :

- Radio ou autres imageries médicales.
- Analyses biologiques
  - sang
  - urines
  - autres

Médicaments :

- Anti-infectieux.
- Antipyrétiques.
- Anti-inflammatoires.
- Antispasmodiques.
- Analgésiques (antidouleurs).
- Fortifiants.
- Calmants ou psychotropes.
- Autres...

Répétons-le, **la liste ci-dessus n'est pas destinée à la pratique de la radiesthésie médicale mais à l'entraînement.** La question qu'il faut poser est **"que va ordonner (ou qu'a ordonné) le médecin ?"** S'il a ordonné autre chose que ce que vous avez trouvé, et bien, "vous vous êtes planté". Bien entendu notre liste énumère de grandes catégories de médicaments. Certains d'entre eux appartiennent à plusieurs catégories. Ainsi l'Aspirine est à la fois antipyrétique, anti-inflammatoire, antidouleurs. Un sirop pour la toux sera souvent à la fois antispasmodique et anti-inflammatoire. Pour connaître vos résultats, le mieux sera souvent de lire les documentations des divers médicaments. Evidemment cette liste ne peut être exhaustive. Bien des produits et des examens se retrouveront dans les rubriques "autres".

UN CAS PARTICULIER : LES JEUX DE HASARD

Il y a quelques années, je reçus la visite d'une radiesthésiste débutante. Elle avait acheté un pendule, et avait pensé que la liste des partants du tiercé constituait "une liste de recherche parfaite". Elle décida donc pour s'entraîner de rechercher les gagnants du tiercé, comme ça, pour l'entraînement. Comme elle habitait juste à côté d'un "P.M.U", elle joua presque machinalement ses pronostics. En un mois elle gagna plus de 20 000 francs. C'était un beau succès. Son tort fut de penser que puisqu'elle avait trouvé les chevaux gagnants en s'entraînant, elle pourrait les trouver pour gagner de l'argent. Enthousiasmée par son propre succès elle dépensa plus que ses revenus. Le malheur est qu'elle ne réédita jamais son exploit. **Du jour où elle essaya de trouver le tiercé pour gagner, elle en fut incapable.** En fait, il semble que les jeux de hasard engendrent un état émotionnel qui bloque les possibilités du radiesthésiste. Si, en théorie, tout est possible, en pratique, les réussites sont exceptionnelles. Je sais que ces dernières années une radiesthésiste amateur a publié un livre expliquant comment elle avait gagné au loto avec son pendule. Formidable ! Je ne connais pas le montant des ventes mais le livre fut sûrement un "best seller". Ceci dit, que l'on gagne 10 F ou plusieurs dizaines de millions, gagner une fois ne prouve rien. Certaines personnes gagnent également en jouant des nombres tirés au hasard ou extraits des dates de naissance de la famille. Même si ce résultat est le fruit d'une recherche au pendule réussie, il ne prouve rien, et surtout pas que cette personne ou un autre radiesthésiste puisse rééditer cet exploit. En radiesthésie, comme dans d'autres domaines, il existe des sortes "d'états de grâce". Ce qui se produit à ces instants n'est généralement pas reproductible.

En un mot, il est déconseillé d'utiliser les jeux de hasard comme terrain d'entraînement. Les résultats sont en général tellement mauvais qu'ils découragent le radiesthésiste débutant... Il est déconseillé également de tenter de gagner aux jeux de hasard par radiesthésie. Je connais plus d'un excellent radiesthésiste que ce genre de chimère a conduit à la ruine.

d- Les principales utilisations de la recherche par liste.

La recherche par liste est particulièrement adaptée chaque fois qu'il existe un grand nombre de choix possibles. Elle est utilisée en radiesthésie médicale. En effet, une liste peut s'ouvrir sur des sous-listes.

PLANCHE NUMÉRIQUE POUR RECHERCHE DE NOMBRES OU DE N° DE RÉFÉRENCE

9 8 7 6 5 4 3 2 1 0

Nombre de chiffres à utiliser :

						cM	dM	M	cm	dm	m	c	d	u

LÉGENDE :

u : unités — **dm : dizaines de milliers**
d : dizaines — **cm : centaines de milliers**
c : centaines — **dM : dizaine de millions**
m : milliers — **cM : centaine de millions (1)**

(1) Combinez ces codes pour les milliards.
ex : mM (milliers de millions pour les milliards, et cmM pour les centaines de milliards.

MODE D'EMPLOI :

Recherchez le nombre de chiffres à utiliser. Pour cela demandez au pendule si 9 chiffres suffisent.
SI RÉPONSE = "Oui", faites une recherche sur liste en pointant les chiffres de 1 à 9.
SI RÉPONSE = "Non" faites une recherche sur liste en partant de 0 et en le comptant pour10.
Ensuite, faites autant de recherches sur liste que nécessaire pour avoir tous les chiffres du nombre ou du n° recherché.

EXEMPLE :

9 chiffres suffisent-ils ? Le pendule répond "Oui ".
La recherche sur liste permet de sélectionner (par exemple) le 3.
On fera donc 3 recherches sur liste successives :
1 pour le chiffre des unités que l'on inscrira dans la case "u".
1 pour le chiffre des dizaines que l'on inscrira dans la case "d".
1 pour le chiffre des centaines que l'on inscrira dans la case "c".

Par exemple, si vous travaillez en radiesthésie médicale et que vous recherchiez les remèdes homéopathiques qui conviennent sans donner de diagnostic, vous pouvez fort bien travailler avec une série de listes construites à partir du plan de votre documentation. Supposons que votre documentation soit un catalogue de laboratoire, et que les produits y soient classés par nature (animal, végétal, minéral) et par ordre alphabétique. Soit trois chapitres avec un classement interne par ordre alphabétique. Pour travailler rationnellement, vous établirez une liste des chapitres :

- Animal • Végétal • Minéral.

Une fois le chapitre sélectionné, vous utiliserez une liste comportant toutes les lettres de l'alphabet, et rechercherez la première lettre du nom du produit à trouver. Ce travail préliminaire étant effectué, vous n'aurez plus à faire une recherche par liste que sur quelques pages du catalogue. En général, les catalogues de laboratoires homéopathiques comportent, en plus des produits classés par ordre alphabétique, des complexes classés par n° ce qui nous amène à découvrir une autre technique : la recherche sur planche... En l'occurrence, nous allons en donner comme exemple la recherche sur planche numérique. Ce type de planche est utilisé pour rechercher un nombre. Ce nombre peut représenter une quantité, un n° d'ordre ou de code, ou tout autre chose pouvant être représentée par un nombre (par exemple le n° de page d'un livre)... ou, nous le verrons dans la partie de ce livre consacrée à la radiesthésie active, un nombre destiné à un usage curatif. Cette planche et son mode d'emploi sont évidemment un exemple. On peut imaginer une planche destinée à trouver des codes alphanumériques, par exemple le code d'un ouvrage dans une bibliothèque. Nous donnons cette seconde planche pour montrer ce que l'on peut inventer en matière de recherches radiesthésiques.

Reste un dernier mode de recherche utilisé en radiesthésie mentale, la recherche sur carte ou sur plan.

RECHERCHE SUR CARTE

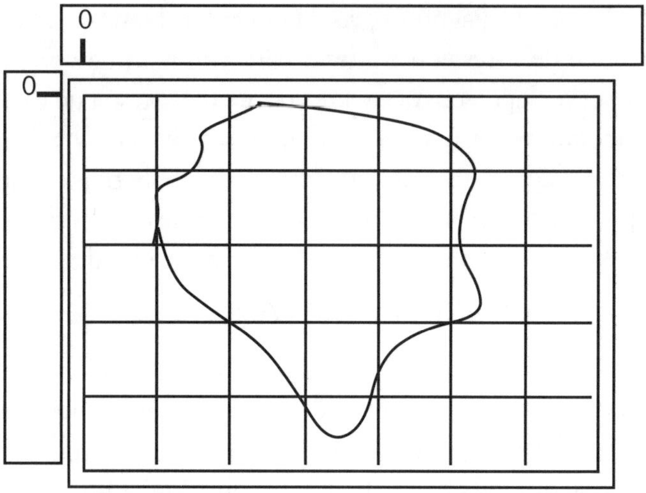

Le 0 des règles doit être stiué bien en face de l'origine des coordonnées de la carte.

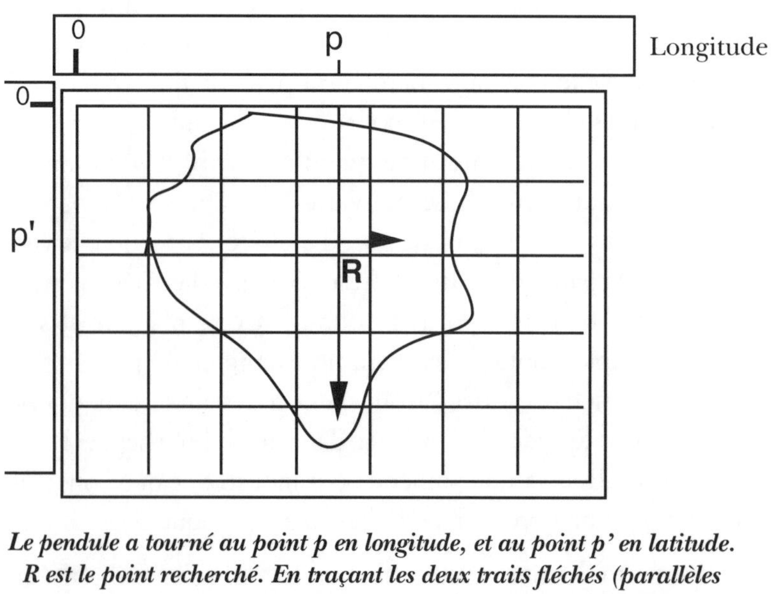

Le pendule a tourné au point p en longitude, et au point p' en latitude. R est le point recherché. En traçant les deux traits fléchés (parallèles aux bords de la carte) on trouve le point R qui est le point recherché.

e- La recherche sur carte ou sur plan :

Cette méthode est utilisée pour rechercher par exemple les personnes disparues. Pour la pratiquer, il suffit de disposer d'une carte adaptée à la situation, de deux règles plates, d'un crayon, ou d'un stylo à bille, qui jouera le rôle d'antenne et de votre pendule.

Le principe de l'opération est simple. On étale la carte sur une grande table, on pose sur deux côtés de la carte une règle graduée (voir schéma carte). Ceci fait, on pose la question au pendule **"Où est untel ?"** et on enchaîne sans neutraliser le pendule en prononçant le mot clé **"latitude".**

On promène le crayon en antenne sur la règle située parallèlement à la direction N.S. de la carte. **On marque le point où est obtenue une réponse positive sur la carte.**

On neutralise le pendule, on pose la question **"Où est untel ? : Longitude"** et on marque directement sur le bord de la carte le point où est obtenue la réponse positive.

Ceci étant fait, deux lignes tracées sur la carte suffisent pour repérer le point recherché.

RECHERCHE SUR CARTE, SANS CARTE

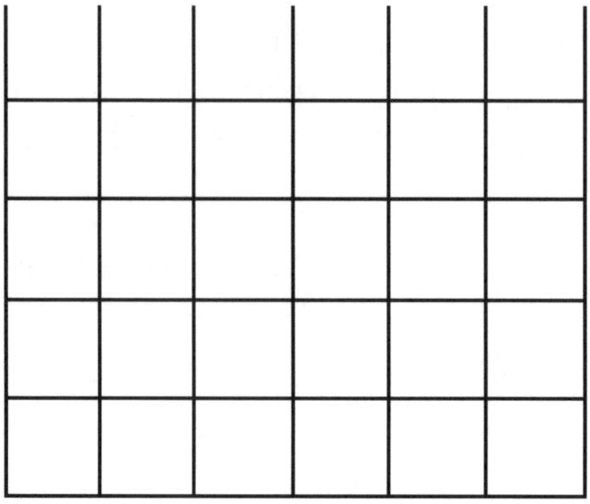

Quadrillage reproduisant celui de la série de cartes utilisées.

Reproduction d'un carré de la carte ci-dessus avec des graduations. Le carré peut être agrandi pour augmenter la précision de la recherche.

Dans notre exemple nous utilisons le plan de Paris et Banlieue ensemble. Le quadrillage des plans par arrondissement est de 35 mm sur 35 mm. La recherche se fait dans l'ordre suivant :

1. Rechercher parmi les 25 cartes du guide laquelle correspond à la carte utilisée. Cette recherche peut se faire avec la planche "recherches numériques".

2. Rechercher dans le quadrillage quelle case de cette carte correspond à notre recherche.

3. Rechercher dans cette case la position exacte du point recherché (objet ou personne).

LA RECHERCHE SUR CARTE, SANS CARTE

Toutes les cartes sont quadrillées, et, en général des cartes appartenant à une même série, couvrent une surface égale. Par exemple sur les plans de Paris-Banlieue, chaque carte comporte 6 carrés dans la largeur et 5 carrés dans la hauteur. Le plan que nous avons en main comporte 25 cartes pour les 20 arrondissements de Paris (les arrondissements les plus étendus sont répartis sur deux cartes). Sachant cela, il est possible de faire une recherche sur plan, sans utiliser le plan, et sans même le posséder.

Dans un premier temps on recherche sur quelle carte se trouve la personne ou l'objet recherché. Dans un second temps on utilise un quadrillage de 6 carreaux sur 5 pour situer dans quel carreau de la carte concernée se trouve la personne ou l'objet recherché.

Dans un troisième temps, on procède comme pour une recherche sur plan ordinaire, mais dans un carré de 39 mm sur 39 mm. C'est la dimension du quadrillage des plans en question. Le guide Paris-Banlieue que nous avons utilisé comme référence pour cette recherche celui des Editions "L'indispensable"... Evidemment on peut faire la même chose avec un autre guide ou avec des cartes routières.

f- Les principales utilisations de la recherche sur carte sont :

La recherche de personnes disparues ou d'objets perdus.

Les recherches géologiques.

Les recherches d'ondes nocives.

Notez qu'en radiesthésie mentale, plus votre recherche est abstraite, moins vous faites d'autosuggestion, donc moins vous faites d'erreurs.

Chapitre Quatre

Le pendule égyptien en radiesthésie physique

A. Les ondes radiesthésiques :

On pourrait commencer ce chapitre par un paradoxe "Il n'y a rien de physique en radiesthésie physique". Retenez bien cela : les ondes qui nous intéressent ici ne sont **pas du domaine de la science physique** et n'en feront probablement pour la plupart jamais partie.

Cette hypothèse ayant été retenue, parlons des ondes radiesthésiques. On distingue en radiesthésie deux sortes d'ondes :

1) Les "ondes physiques" qui sont ainsi appelées parce qu'elles sont peu influençables dans leur comportement par le mental de l'opérateur. Il s'agit par exemple des ondes engendrées par un cours d'eau souterrain ou par une installation électrique. Elles accompagnent souvent des ondes réellement physiques, rayons lumineux, ondes électromagnétiques, mais n'étant pas matérielles nos ondes "physiques" ne sont pas soumises aux mêmes contraintes de propagation.

Par exemple, si nous mesurons l'étendue de la pollution électrique d'une ligne haute tension avec un poste à transistor (tant que la réception est parasitée il y a pollution électrique), et si une autre personne effectue la même mesure au pendule, il y a de fortes chances pour que les mesures du premier ne coïncident pas avec celles du second. Le plus souvent le radiesthésiste trouvera une zone de pollution bien plus étendue que celle trouvée par l'homme au poste de radio; mais en certains points, la situation s'inversera. Par exemple, pour l'homme au poste de radio, un rideau d'arbres ne modifiera pas sensiblement les perturbations de la réception alors que le pendule du radiesthésiste lui indiquera peut-être qu'il n'y a plus en cet endroit de pollution. **Cet exemple montre bien que les "ondes physiques du radiesthésiste"** n'ont rien à voir avec les ondes physiques qu'elles accompagnent.

2) **Les "ondes abstraites"** qui sont ainsi appelées parce qu'elles sont éminemment influençables par le mental de l'opérateur. Elles sont généralement émises par des formes, des personnes, des rituels. Elles peuvent également apparaître spontanément dans la nature, en accompagnant une onde de type "onde physique". (Tout comme "l'onde physique radiesthésique" accompagne une onde réellement physique).

Nous venons de faire deux pas en avant, faisons très vite un pas en arrière. De nombreux radiesthésistes ont cherché pendant des années à établir les règles de propagation de ces différentes ondes. Ils ont tous chacun avec leur système obtenu des "résultats cohérents"... Malheureusement, ces beaux édifices s'écroulent quand on compare les travaux des uns et des autres... En fait, après des années de travail ils ont tout au plus établi des langages, des conventions, permettant de différencier une onde radiesthésique d'une autre. Leurs contradictions, mettent aussi en évidence le fait suivant : si les ondes "physiques radiesthésiques" sont difficilement influençables par le mental conscient de l'opérateur, elles le sont en revanche par son inconscient et celui de son entourage.

Tout le monde cependant est d'accord sur un point. "Tout", je dis bien "Tout", émet une ou plusieurs sortes d'ondes radiesthésiques. Un morceau d'or émet "l'onde de l'or", un morceau de fer "l'onde du fer", une pyramide d'or émet les "ondes caractéristiques" de la forme pyramidale et "l'onde de l'or". Vous, moi, un autre, émettons les ondes caractéristiques de l'être humain, et en plus une onde qui nous est propre et nous différencie de tous les autres… Et cette dernière onde est émise également par les cellules de notre corps, par nos photos, par les vêtements que nous avons portés, par notre écriture, etc… C'est cette universalité des ondes radiesthésiques qui permet aux pratiques de radiesthésie physique de fonctionner.

B. LES TÉMOINS :

1. LES TÉMOINS NATURELS :

En radiesthésie physique, on évite d'utiliser une convention mentale. On fait appel à des témoins. Par exemple, supposons que je veuille rechercher de l'or sur une carte. Si je procède par radiesthésie physique, j'adopterai la méthode suivante :

Je me procurerai d'abord un morceau d'or. Ce morceau d'or, je le considérerai comme un "témoin" de l'onde recherchée. A partir d'ici les méthodes divergent. La méthode classique, vous propose d'opérer votre recherche en tenant le morceau d'or en question dans la main qui tient également l'antenne utilisée pour la recherche sur carte. Personnellement, je préfère charger le pendule, ce qui n'est possible à ma connaissance qu'avec les pendules décrits dans ce livre.

Comment s'y prendre ? Il suffit de poser le témoin sur une table, de tenir le pendule au-dessus du témoin, de le lancer en oscillations, de lui ordonner de se "charger de l'onde du témoin". Alors, le pendule entre en giration dans le sens inverse des aiguilles d'une montre. On utilise pour cela le mot clé "imprégnation". Lorsqu'il revient spontanément à l'oscillation, c'est qu'il est chargé de l'onde du témoin.

Quant à la recherche elle-même, rien n'est plus simple, on lance le pendule en oscillations, on promène son antenne (généralement un vulgaire crayon) sur le bord de la carte. Si le pendule réagit, qu'il entre en giration dans un sens ou dans l'autre, c'est qu'il réagit à l'onde recherchée.

Normalement, ici le lecteur doué d'esprit critique réagit. "Quoi, il se paie notre tête, il va détecter l'onde de l'or émise par un vulgaire morceau de papier, s'il promenait sur le terrain encore je comprendrais, mais là..." Pourtant, c'est bien comme cela que l'on procède et on peut faire la même chose avec une photo d'homme ou d'animal, la carte "émettra" de la même façon l'onde de l'homme ou de l'animal recherché. Quand je vous disais que les "ondes physiques en radiesthésie" n'étaient pas réellement physiques... D'ailleurs on peut même se passer du morceau d'or. On peut le remplacer par un morceau de papier ou de carte de visite sur lequel on a simplement écrit "Or". C'est ce que les radiesthésistes appellent un "témoin mot".

2. LES TÉMOINS MOTS.

Si demain on vous demande de rechercher un morceau de plutonium volé dans un dépôt de carburant nucléaire, il est heureux pour votre santé que vous puissiez utiliser un "témoin mot" qui émettra les ondes radiesthésiques du plutonium, mais ne diffusera pas les mêmes rayonnements toxiques. Notez que les témoins mots peuvent également servir à l'émission d'ondes radiesthésiques. On utilise essentiellement les témoins mots pour représenter des minéraux ou des produits chimiques, métaux, médicaments, engrais etc...

Pour fabriquer un témoin mot, on découpe un morceau de papier (ou de carte de visite) d'environ 3 cm sur 3cm. Sur ce morceau de papier ou de carton on écrit le nom du produit. La plupart des radiesthésistes disent qu'il faut l'écrire au crayon de papier ou à l'encre de Chine. Personnellement, j'ai utilisé des "témoins mots" écrits au stylo à bille ou au feutre, et ils ont donné d'aussi bons résultats que les autres. Ensuite il faut "vitaliser le témoin" ; pour cela on peut utiliser soit le décagone soit le pendule.

VITALISATION AVEC LE DÉCAGONE

Placer le morceau de papier au centre d'un décagone (voir planches annexes en fin d'ouvrage) et le laisser séjourner ainsi durant 20 minutes.

VITALISATION AVEC LE PENDULE

Elle est possible seulement avec le pendule égyptien lesté, le pendule égyptien en grès, le pendule des bâtisseurs et certains pendules égyptiens en néphrite.

Posez le témoin sur une table, tenez le pendule au-dessus du témoin et décidez que la prononciation du mot clé "témoin" va faire émettre à votre pendule égyptien une " onde" correspondant à la nature du témoin que vous voulez créer. Votre pendule entre alors en giration dans le sens des aiguilles d'une montre. Lorsque le pendule revient à l'oscillation, votre témoin est prêt. Sans nul doute, nos lecteurs veulent savoir s'il est possible de faire des témoins mots d'êtres vivants. Selon Mgr Georges, c'est possible; mais, dit-il, les résultats obtenus sont moins bons qu'avec des témoins biologiques (ce n'est pas le cas pour les témoins minéraux).

D'après cet auteur, il faut écrire les éléments propres au sujet (nom, prénom, date et lieu de naissance) sur un carré de buvard de 3cm sur 3cm avec une mine de graphite (crayon à papier classique). Il faut ensuite l'humidifier avec de l'eau salée à 4 grammes

DECAGONE

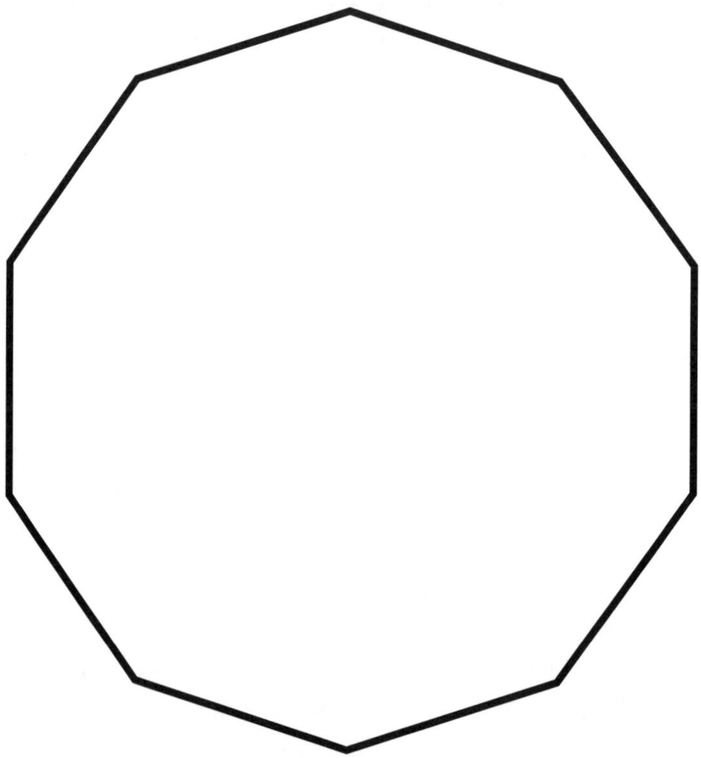

L'objet à charger doit tenir entièrement dans ce cercle.

par litre. Cette composition, fait-il observer, est proche de celle du sérum physiologique. Il charge ensuite le témoin au décagone jusqu'à évaporation complète du liquide. Au demeurant, cette méthode de "témoin mot d'un être vivant" ne peut être selon nous qu'un pis-aller. En effet, un être vivant est une individualité. C'est ce caractère individuel qui, selon nous, nuit à la fiabilité du témoin mot d'êtres vivants.

En revanche, nous pensons que de tels témoins peuvent être fabriqués pour repérer des espèces biologiques (plantes ou animaux). On pourrait imaginer de fabriquer suivant ce procédé un témoin "sardines" pour repérer les bancs de sardines, ou un témoin "cèpes" pour repérer les endroits ou poussent ces champignons. Je conseillerais dans ce cas de remplacer l'eau salée par du Sérum de Quinton (eau de mer diluée) dont la composition est plus proche encore de celle des liquides internes des animaux et des plantes. J'avoue que je n'ai pas eu l'occasion de tester ce procédé, mais, une simple question en radiesthésie mentale me le donne comme fiable, ce qui n'est pas le cas pour le témoin mot d'un individu.

C. LA DÉTECTION DES ONDES NOCIVES :

Pour la détection des ondes nocives, le pendule égyptien peut être un instrument précieux, surtout en ville. Dans ce domaine, restons prudent. Les ondes nocives existent. Leur effet n'est pas psychologique : si on élève des animaux de laboratoire dans une cage placée précisément sur un croisement de failles perturbé, leur santé se détériore, leur mortalité augmente comparativement à celles d'un groupe témoin placé dans un endroit sain. Ceci dit, nous avons constaté depuis longtemps que le mental peut contrarier dans de nombreux cas l'action des ondes nocives. Par ailleurs, les ondes nocives peuvent dans certains cas s'annihiler entre elles.

C'est souvent le cas en ville et plus particulièrement dans les immeubles de grande hauteur. Enfin, surtout en ville, dans une pièce donnée, les "ondes nocives" varient en intensité et en direction d'une minute à l'autre. Or, la dangerosité d'une onde nocive tient à la durée d'exposition de l'individu à une onde donnée dans une direction donnée.

Il en résulte que la nocivité des "ondes" dans une pièce, est fonction de la stabilité des ondes en cause. Contrairement à ce que l'on pourrait penser, une expertise en ondes nocives en milieu urbain sera donc beaucoup plus simple à réaliser qu'une expertise en milieu rural.

Nous ne traiterons pas de l'expertise en milieu rural, d'abord parce qu'elle demande un "traité à elle toute seule", ensuite parce qu'elle demande au radiesthésiste de posséder tout un arsenal d'instruments qu'un pendule égyptien ne saurait à lui seul remplacer.

En milieu urbain, nous vous conseillons de traiter ce problème de "radiesthésie physique" en utilisant la radiesthésie mentale. En effet, votre problème n'est pas de repérer les ondes une par une, mais de mesurer une "nocivité globale".

Les endroits à inspecter sont ceux où les habitants passent de longues heures, en particulier les lits et les sièges de bureau. Qu'a-t-on à faire d'une onde nocive qui traverse le corridor, alors que celui-ci n'est qu'un lieu de passage ? Notre premier travail est donc **de repérer les lieux de séjour de longue durée dans l'appartement**. Par exemple, on inspectera avec soin la pièce où se trouve la télévision, la table sur laquelle est posée le micro-ordinateur. Pour effectuer ce travail, on désignera l'endroit étudié et on posera la question au pendule "existe-t-il une nocivité permanente ?" ou plus simplement **"nocivité permanente ?"**. On obtiendra une réponse sous forme de **"oui"** ou de **"non"**. Vous constaterez alors que les appartements urbains sont beaucoup plus sains du point de vue "ondes de formes" que ne le laisse penser en général l'environnement. Si vous obtenez un oui, demandez immédiatement au pendule si en déplaçant un meuble dans la pièce on peut faire disparaître cette nocivité permanente. Bien souvent en effet, il suffira de déplacer un meuble de quelques dizaines de centimètres pour bouleverser complètement le paysage "ondes de formes" d'un appartement.

Je me souviens avoir fait disparaître une "nocivité permanente" dans une chambre en faisant passer un lampadaire hallogène de la droite à la gauche d'une commode. La question suivante sera donc "déplacer un meuble ?". Si oui, il faut savoir si le meuble à déplacer se situe dans la pièce. Il se peut très bien qu'en déplaçant un meuble situé dans une pièce voisine, on fasse disparaître ou dévier une nocivité située à un endroit dangereux. **Tout doit se faire au "feeling".**

Ce travail, effectué avec un pendule égyptien suffira généralement à maintenir une ambiance agréable dans un appartement urbain. Nous conseillons de l'effectuer tous les trois mois régulièrement. En effet, le gros problème du citadin, c'est que l'ambiance dans laquelle il vit n'est pas stable. Un voisin immédiat change un meuble de place, et l'ambiance de votre appartement est modifiée.

La plupart du temps, il suffit de déplacer un meuble ou même parfois un simple bibelot pour tout changer. Consacrez donc une petite heure tous les trois mois à ce travail, vous vous en trouverez bien. Evidemment, même en ville, il existe des cas où ce procédé n'est pas suffisant. Dans ce cas, le pendule égyptien ne suffit plus. Il faut faire appel à un expert.

CHAPITRE CINQ

AGIR AVEC LE PENDULE ÉGYPTIEN !

Dans les quatre premiers chapitres de cet ouvrage, tout ce que nous avons décrit (sauf la charge de témoins au pendule) peut se faire avec n'importe quel pendule. Dans le domaine qui nous occupe maintenant, seuls les pendules décrits au chapitre 2 sont utilisables. Modérons tout de suite notre propos. Nous ne prétendons pas avoir été complet. Il existe certainement des pendules que nous n'avons pas cités qui possèdent les mêmes propriétés que ceux décrits au chapitre 2...

En revanche, un pendule "goutte d'eau", ou un "pendule sphère", ou même un pendule de cristal de roche (qui pourtant est toujours fortement émetteur), ne vous permettra probablement pas de réaliser les travaux décrits ci-dessous. Ils **exigent** un pendule de type égyptien ou un pendule ayant des propriétés équivalentes.

1. LE PENDULE ÉGYPTIEN UTILISÉ COMME "AMPLIFICATEUR PSYCHIQUE" OU LES TECHNIQUES DE BASE DE L'ÉMISSION.

Tout le monde a entendu parler de la "possibilité" que nous avons tous, d'imprégner des objets d'une charge psychique. C'est ce que nous avons fait au chapitre précédent pour créer des "témoins mots".

Votre pendule égyptien a une particularité : **il est capable de s'imprégner d'une onde mentale, de l'amplifier par son mouvement, de la transmettre, sans en altérer les caractéristiques. Autrement dit, à partir du moment où vous savez vous servir d'un pendule égyptien, vous pouvez "agir à distance" et "charger des objets".**

Attention : Ne tentez pas d'expériences test en émission. C'est inutile. Les expériences test en émission ne fonctionnent pas. Elles ne serviraient qu'à vous faire perdre confiance en vous-même. Ne travaillez que sur des cas concrets.

a- Comment émettre :

Pour émettre avec le pendule égyptien, il suffit de le faire entrer en giration volontairement. Personnellement nous utilisons pour cette opération un mot clé, tout simplement le mot clé **"émission".**

Si vous avez réussi sans problème les expériences de giration volontaire du chapitre 1, il vous suffit de décider dès maintenant que vous utiliserez ce mot pour faire fonctionner votre pendule égyptien en émission pour qu'à l'avenir, le seul fait de le prononcer, fasse fonctionner votre pendule égyptien en émission.

Inutile d'essayer, ça marche à tous les coups. Lorsque vous devrez utiliser le pendule en émission :

- vous lancerez le pendule en oscillation,
- vous direz "émission";

et le pendule entrera en giration dans le sens des aiguilles d'une montre.

Il reviendra spontanément à l'oscillation au bout d'un certain temps. Lorsque ce phénomène se produit c'est que l'émission est terminée. Inutile d'en rajouter. Si vous "chargiez un objet", la charge est maximum. Si vous agissiez à distance sur une personne, sachez qu'elle **"a fait le plein pour 24 h".** Ceci c'est la technique générale que nous vous conseillons d'utiliser pour toutes les applications qui suivent. Nous vous donnons ici des exemples d'application de cette technique avec des "cas d'école".

b- Suggestion à distance :

CAS D'EXEMPLE

L'un de vos amis vient de vous appeler au téléphone. A la suite d'une contrariété, son jeune fils "fait une crise". Il peut s'agir d'une "crise d'angoisse", ou d'une "crise de colère", peu importe.

Il se trouve que vous avez dans votre album de photo un portrait de l'enfant. Vous pouvez tenter de le calmer à distance.

MARCHE À SUIVRE

- Prenez la photo de l'enfant et placez la devant vous.
- Prenez votre pendule égyptien, et tenez-le au-dessus de la photo de l'enfant.
- Inspirez profondément en fermant les yeux, puis expirez lentement pour faire le calme en vous-même.
- Lancez le pendule en oscillation (avec un petit mouvement de la main).
- Dites **"calme", "émission".**

Le pendule entre en giration dans le sens des aiguilles d'une montre. Quand il revient à l'oscillation, l'émission est terminée. Vous pouvez téléphoner à votre ami pour savoir où en est son enfant. Si vous avez réussi, la crise est calmée, où au moins, les symptômes en sont profondément modifiés.

Par exemple, les hurlements on été remplacés par de simples larmes. **C'est aussi simple que cela.** Il y a néanmoins quelque règles d'or pour réussir.

RÈGLE 1

N'oubliez pas que par ce moyen **vous ne pouvez transmettre que ce que vous détenez.** Inutile d'essayer de calmer qui que ce soit si vous êtes vous-même par exemple en période de déprime.

Les possibilités de cette première méthode d'action à distance sont entièrement fonction du contrôle que vous exercez sur vous-même.

RÈGLE 2

Votre émission est d'autant plus efficace que vous êtes détaché du résultat à obtenir... Inutile d'essayer de calmer à distance une maîtresse ou un amant qui vient de vous "traumatiser" avec une scène de jalousie au téléphone. Vous n'êtes sûrement pas assez détaché du résultat pour y parvenir.

RÈGLE 3

Les mots clés utilisés pour l'émission (dans notre exemple "calme" et "émission") doivent être prononcés mentalement ou à haute voix avec la même indifférence que le mot clé "tourne" dans le chapitre 1.

RÈGLE 4

Ce que vous émettez, le mot clé que vous utilisez, doit répondre à un vécu personnel.

Par exemple, si vous êtes capable de calmer vos propres douleurs par des techniques psychiques, vous pouvez utiliser un mot clé "calmer douleur".

En revanche, si vous faites partie de ceux qu'une simple cuillerée à soupe d'eau bouillante renversée sur la main rend esclave des médicaments "antidouleur", il est inutile de tenter d'employer ce mot clé... **Il y a d'autres moyens pour obtenir le même résultat.**

Voici une série de mots clés utilisables avec cette technique... Nous ne sommes pas exhaustif bien entendu : "optimisme", "courage", "calme", "concentration", "attention".

UTILISATION GÉNÉRALE

Cette technique ne s'utilise que pour calmer des petits incidents, pour des actions ponctuelles.

Inutile de tenter de l'utiliser par exemple pour calmer des douleurs chroniques ou l'agressivité permanente d'une personne vis-à-vis d'une autre. Elle n'agit que sur le psychisme de la personne représentée par le témoin.

EN RÉSUMÉ

Cette technique est la plus difficile de toutes. C'est justement son grand intérêt.

Le jour où vous parvenez à la maîtriser dans certains cas, soyez sûr que vous maîtrisez toutes les autres techniques d'émission utilisant un pendule du type pendule égyptien.

c- Charge psychique d'objets :

CAS D'EXEMPLE

Julie et Pierre vivent ensemble et s'adorent, mais, tous deux ont fort mauvais caractère, et entre eux les disputes sont fréquentes. Vous pouvez les aider en leur offrant par exemple un objet psychiquement chargé. Pour cet exemple, choisissons un galet.

MARCHE À SUIVRE

- Prenez le galet que vous avez choisi d'utiliser et placez-le devant vous.
- Si vous connaissez le couple vous n'avez pas besoin de témoin. Pensez brièvement à eux.
- Si vous ne connaissez pas le couple, prenez de la main gauche une photographie représentant les deux personnes, concernées. Il ne faut pas qu'une tierce personne apparaisse sur la photo.
- Prenez votre pendule égyptien et lancez-le en oscillation.
- Prononcez successivement les mots clés "harmonie" et "émission" ou "charge".

Le pendule entre en giration dans le sens des aiguilles d'une montre. Quand il revient à l'oscillation, l'émission est terminée. Il ne vous reste plus qu'à offrir le galet au couple, et éventuellement, si ce sont eux qui vous ont demandé ce travail, à vous rendre chez eux pour déterminer quel endroit sera le plus favorable pour poser ce galet.

UTILISATION GÉNÉRALE

Vous pouvez par ce moyen charger n'importe quel objet ou produit de ce que nous appelons une "influence abstraite". La "fécondité" par exemple est une idée abstraite. Vous pouvez charger un galet de fécondité et le placer dans une plate-bande de fleurs ou de légumes. L' "argent" (au sens de monnaie) est une idée abstraite. On chargera par ce moyen des cornalines destinées à attirer l'argent. Cette méthode est en effet idéale pour renforcer les propriétés occultes des pierres ou des plantes magiques. Consultez à ce propos les appendices "propriétés occultes des pierres", "propriétés occultes des plantes".

POUR RENFORCER LES PROPRIÉTÉS OCCULTES

Plantes ou pierres ont en général une foule de propriétés occultes. Lorsque nous faisons appel à ces propriétés, bien souvent une seule d'entre elles nous intéresse. Tout le procédé de charge va consister à renforcer la propriété qui nous intéresse.

Par exemple, si nous utilisons des cornalines, nous ne serons pas concerné par toutes leurs propriétés.

Ces pierres, en plus d'attirer l'argent :

- donnent un teint reposé et préservent la beauté de la peau,
- attirent la chance aux jeux de hasard,
- combattent la colère,
- chassent les mauvaises influences astrales...

Si nous voulons renforcer l'une des deux premières propriétés, notre travail sera simple, nous utiliserons les mots en gras comme mots clés... Inutile de préciser "beauté... de la peau". Cela ne servirait qu'à vous compliquer le travail. N'oubliez jamais qu'en émettant avec un pendule, vous mettez en relation la personne ou l'objet récepteur et "l'énergie conscience" de l'Univers. Ce que les anciens appelaient "l'âme du monde". Considérez-la pour comprendre notre propos comme "une entité", "une conscience", ou même une sorte de "super ordinateur" que chacun de nous pourrait programmer à chaque instant selon ses besoins... Comme une entité ou une conscience, "l'âme du monde" comprend (ou semble comprendre) tout à demi-mot à condition que cela soit clair dans la tête du radiesthésiste. C'est pourquoi, bien souvent dans ce livre, nous vous proposerons de remplacer une phrase par un mot. Comme un ordinateur, elle ne réagit qu'à des ordres simples et concis. C'est pourquoi en ce qui concerne les deux dernières propriétés nous devrons élaborer des "mots clés" qui traduisent les propriétés recherchées de façon concise. Pour "combattre la colère" nous adopterons le mot clé "anticolérique". Pour la propriété qu'ont ces pierres d'éloigner les mauvaises influences astrales, nous adopterons simplement le mot clé "protection". A un enfant coléreux, on pourra donc faire porter en pendentif une cornaline dont on aura renforcé le pouvoir "anticolérique".

2. LA CHARGE D'OBJETS AVEC TÉMOINS.

a- Exemple :

Un de vos amis souffre d'un mal quelconque, mais il ne peut se soigner car il est allergique au médicament qui justement pourrait le soigner ou le guérir. Vous pouvez l'aider. Procurez-vous par exemple une bouteille d'eau minérale aussi neutre que possible. Placez le médicament devant vous et tenez le pendule au-dessus de ce médicament. Chargez le pendule en utilisant le mot-clé "imprégnation". Reportez-vous au chapitre concernant les recherches avec témoins. Une fois notre pendule chargé de l'onde du médicament, nous l'utiliserons pour charger l'eau avec le mot-clé "charge" ou le mot-clé "émission". Comme notre objectif implicite est de ne transférer que les propriétés bénéfiques du médicament, l'eau ainsi chargée, ne provoquera pas d'allergie. Bien entendu, cette eau n'aura pas toujours la même efficacité que le médicament lui-même. Là encore il nous faut donner quelques précisions. D'abord l'efficacité d'une action à distance ou d'une eau chargée dépend des personnes concernées. Certaines sont hypersensibles et, par exemple, avec elles, une eau chargée à partir d'un médicament se révèlera plus active que le médicament lui-même, d'autres seront totalement insensibles, et l'eau chargée n'aura aucun effet. Sachez donc rester prudent. N'affirmez rien. Ne proposez pas d'interrompre un traitement en remplaçant des médicaments par des eaux chargées. Par ailleurs, la réceptivité de la plupart des gens est instable.

Une eau chargée qui s'était révélée être très efficace avec une personne peut très bien du jour au lendemain ne plus avoir d'action. En conséquence, vous ne devez utiliser cette technique que dans des cas bien précis. Nous avons par exemple chargé des eaux à l'aspirine pour des amis victimes de maux de tête à qui ce médicament était strictement interdit.

b- Méthode de la charge d'eau :

Versez l'eau dans un récipient adapté. Par exemple, si vous chargez une "eau minérale", transvasez le contenu de la bouteille dans une terrine ou un saladier. Tenez le pendule imprégné de l'onde du témoin au-dessus du liquide, prononcez le mot-clé "charge" ou le mot-clé "émission". Le pendule entre en giration dans le sens des aiguilles d'une montre, l'eau est chargée lorsqu'il revient spontanément à l'oscillation.

PRÉCISONS LA MÉTHODE

1. Vous avez placé devant vous le témoin du produit et le récipient contenant l'eau à charger.
2. Tenez le pendule au-dessus du témoin.
3. Lancez-le en oscillation avec le mot-clé "**neutre**."
4. Prononcez le mot-clé "**imprégnation**".
   - Le pendule entre en giration dans le sens inverse des aiguilles d'une montre.
   - Au bout d'un certain temps le pendule revient au mouvement d'oscillation.

Votre pendule est maintenant imprégné de l'onde du témoin.

5. Déplacez votre main de façon à tenir maintenant le pendule au-dessus du récipient contenant l'eau à charger.

6. Prononcez le mot-clé **"émission"** ou le mot-clé **"charge"**.

- Le pendule entre en giration dans le sens des aiguilles d'une montre.
- Au bout d'un certain temps le pendule revient au mouvement d'oscillation.

L'eau contenue dans le récipient est maintenant chargée.

7. Prononcez le mot-clé **"neutre"** pour désimprégner votre pendule de l'onde du témoin.

c- Et si l'on ne dispose pas du médicament ?

J'ai besoin d'une eau chargée avec un produit qu'il est impossible de se procurer. Qu'importe. Je vais remplacer le témoin par un témoin mot, où mieux un témoin nombre. On ne peut guère expliquer pourquoi, mais en émission les "témoins nombres" sont bien plus efficaces que les "témoins mots". Cela ne signifie pas que cette technique ne peut pas "marcher" avec des témoins mots. Simplement, si une eau ou tout autre produit chargé n'a pas été efficace alors que vous avez utilisé un témoin mot, il arrive fréquemment que la même eau vitalisée avec un témoin nombre soit efficace. Le témoin mot utilisé en émission se réalise exactement comme le témoin mot destiné à une recherche. La technique d'émission utilisée avec ces témoins est exactement la même que celle utilisée avec un témoin ordinaire.

COMMENT RÉALISER UN TÉMOIN NOMBRE

La méthode de réalisation d'un témoin nombre est semblable à celle de la recherche d'un nombre sur liste. Il est néanmoins conseillé d'utiliser à chaque nouvelle recherche une planche neuve. Vous trouverez en illustration un modèle de planche de recherche de "témoin nombre". Dans le cadre "mot" il faut inscrire le nom du produit dont on désire réaliser un témoin. Ensuite on suit les étapes ordinaire d'une recherche de nombres. (Voyez l'encadré traitant des recherches sur liste). Une fois le nombre trouvé, on l'inscrit sur une carte de visite, puis on le dynamise soit au décagone, soit au pendule. L'émission se réalise ensuite exactement comme avec un témoin ordinaire.

PLANCHE NUMÉRIQUE POUR RECHERCHE DE NOMBRES OU DE N° DE RÉFÉRENCE

9 8 7 6 5 4 3 2 1 0

Nombre de chiffres à utiliser :

						cM	dM	M	cm	dm	m	c	d	u

LÉGENDE :

u : unités — **dm : dizaines de milliers**
d : dizaines — **cm : centaines de milliers**
c : centaines — **dM : dizaine de millions**
m : milliers — **cM : centaine de millions (1)**

(1) Combinez ces codes pour les milliards.
ex : mM (milliers de millions pour les milliards, et cmM pour les centaines de milliards.

MODE D'EMPLOI :

Recherchez le nombre de chiffres à utiliser. Pour cela demandez au pendule si 9 chiffres suffisent.
Si réponse = "Oui", faites une recherche sur liste en pointant les chiffres de 1 à 9.
Si réponse = "Non", faites une recherche sur liste en partant de 0 et en le comptant pour10.
Ensuite, faites autant de recherches sur liste que nécessaire pour avoir tous les chiffres du nombre ou du n° recherché.

EXEMPLE :

9 chiffres suffisent-ils ? Le pendule répond "Oui ".
La recherche sur liste permet de sélectionner (par exemple) le 3.
On fera donc 3 recherches sur liste successives :
1 pour le chiffre des unités que l'on inscrira dans la case "u".
1 pour le chiffre des dizaines que l'on inscrira dans la case "d".
1 pour le chiffre des centaines que l'on inscrira dans la case "c".

d - Quels produits ou quels objets peut-on charger ?

Tout produit neutre peut être chargé avec n'importe quelle onde. Qu'entend-t-on par un **"produit neutre"** en radiesthésie ? Tout simplement un produit qui n'a pas été "saturé" des propriétés d'un autre produit par des moyens chimiques. Par exemple de l'eau, un sirop de sucre, de l'huile (même de l'huile d'olive), du savon, voire une savonnette parfumée, sont pour nous radiesthésistes, des "produits neutres". En revanche un sirop de menthe ou de grenadine ou de toute autre plante, une huile dans laquelle on a fait macérer des plantes médicinales, un savon saturé d'un produit quelconque **ne sont pas des produits neutres.**

LA CHARGE DES PRODUITS NEUTRES

Si vous avez quelques connaissances de médecine naturelle, vous savez qu'une huile d'olive dans laquelle on a fait macérer de l'ail peut être utilisée comme huile de massage ou huile d'application dans le cadre du traitement des accidents musculaires ou articulaires. Cette même huile peut également être utilisée avant la pratique d'un sport pour "chauffer les muscles"... Seulement cela ne sent pas très bon...

On peut obtenir les mêmes propriétés que celles de cette "huile à l'ail" en chargeant de l'huile d'olive vierge avec l'onde de l'ail... Même problème... vous ne supportez pas l'odeur d'huile d'olive. Qu'à cela ne tienne. La solution est simple.

Préparons de l'huile à l'ail, puis imprégnons des ondes de cette huile à l'ail une graisse neutre vaseline ou lanoline. Si notre sujet est sensible, nous obtiendrons avec cette graisse neutre les mêmes effets qu'avec une véritable huile à l'ail. En principe on pourrait même se dispenser de préparer l'huile et la remplacer par un témoin mot ou un témoin nombre. En principe seulement. Pour charger l'huile d'olive avec l'onde de l'ail, l'utilisation de témoins virtuels (mots ou nombres) est tout-à-fait indiquée. En revanche, notre "huile à l'ail" combine dans son action les propriétés de l'huile d'olive et celles de l'ail. C'est chimiquement parlant, un mélange bien plus complexe et bien moins stable que la plupart des médicaments de synthèse. Ce n'est pas du point de vue radiesthésique une addition "huile d'olive + ail".

Par ailleurs, l'appellation que nous avons utilisée "d'huile à l'ail" ne représente rien. Cette préparation peut porter d'autres noms... Un témoin mot ou un témoin nombre auront de fortes chances de ne pas nous restituer exactement l'onde et donc les propriétés recherchées. **Dans ce cas particulier de "préparations artisanales à base de produits naturels", les témoins virtuels donnent souvent des résultats décevants.**

RÈGLE

Les témoins virtuels ne conviennent pas pour restituer l'onde de préparations artisanales à base de produits naturels sauf si **ces produits ont été nommés.**

Si demain, je décide de commercialiser une huile à l'ail et que je l'appelle par exemple "huile machin", vous ne pourrez toujours pas faire un témoin virtuel de "l'huile à l'ail", mais vous pourrez utiliser sans problème un témoin symbolique de "l' huile machin".

En effet, il peut exister différentes sortes d'huiles à l'ail, préparées à chaud, à froid, avec plus ou moins d'ail, mais, il n'existera jamais qu'une seule sorte "d'huile machin".

LA CHARGE DES PRODUITS ACTIFS

Puisque nous avons été obligés de préparer de l'huile à l'ail, posons-nous la question : ne pourrait-on pas l'améliorer par la radiesthésie ?

Cette huile chauffe les muscles, fait circuler le sang, mais son action sur la douleur est lente et faible. On connaît un excellent antidouleur naturel : le pavot ou même, pourquoi pas, l'opium. On pourra réaliser un témoin mot ou un témoin nombre de l'onde de l'opium et imprégner notre préparation. Nous en améliorerons considérablement les propriétés.

Notre huile à entre autres propriétés, celle d'être révulsive. Elle fait rougir la peau.

On pourrait envisager de l'imprégner de l'onde d'un adoucissant… de la guimauve par exemple. Ce serait évidemment une erreur.

Les propriétés "irritantes" de l'huile à l'ail sont justement un des facteurs importants de son action thérapeutique. Au lieu d'améliorer notre huile, on en amoindrirait l'efficacité. Il est tout à fait possible de "charger" des produits non neutres, mais, dans ce cas, on ne doit les imprégner que "d'ondes" qui n'en amoindrissent pas les propriétés.

Permettons-nous d'insister. Vous pouvez charger un produit neutre avec n'importe quelle "onde".

En revanche, une préparation telle qu'un médicament huile, tisane, baumes, potions, peut être affectée dans son efficacité thérapeutique si vous la chargez avec l'onde d'un produit dont les propriétés sont contraires à celles des produits actifs qu'elles contiennent.

APPLICATIONS DE SANTÉ PRATIQUES

La charge de produits neutres à l'aide d'ondes radiesthésiques émise par des produits actifs est une opération courante. On peut charger autre chose que de l'eau. Des huiles, des graisses, le coton hydrophile peuvent également être chargés.

Les qualités des eaux, huiles ou graisses ainsi chargées ne sont pas indifférentes. Ne doivent être imprégnés d'onde de forme que des produits de bonne qualité.

En ce qui concerne l'eau il faut utiliser de préférence des eaux de sources peu minéralisées ou l'eau distillée du pharmacien. L'eau déminéralisée qui vous est vendue pour utiliser dans le radiateur de votre voiture ou dans votre fer à repasser ne convient pas.

Pour les huiles on préférera à toutes autres les huiles d'olive, de tournesol ou de maïs.

Enfin les graisses telles qu'axonge (saindoux purifié légèrement salé pour la conservation), graisse de coco (en vente dans les pharmacies) donnent d'excellents résultats. Il ne faut pas confondre la graisse de coco avec le coprah utilisé pour faire les fritures et qui rancit très vite.

Notre préférence pour ces produits ne tient pas (pas uniquement) à leurs qualités radiesthésiques. Leurs qualités physico-chimiques comptent également.

C'est clair. Si je puise de l'eau polluée chimiquement ou bactériologiquement et que je la charge avec une "onde" radiesthésique, il y a de fortes chances que les dégâts provoqués par les agents polluants soient supérieurs au bénéfice thérapeutique que pourrait apporter l'eau chargée. Pour les huiles et les graisses, le problème est encore plus délicat.

Une huile (ou une graisse) rancit plus ou moins vite. Le rancissement est un phénomène chimique, une "oxydation", qui modifie la nature du produit.

Bizarrement, une huile qui a été chargée fraîche d'une "onde" quelconque peut, au cours du phénomène de rancissement, "perdre sa charge".

Donc n'oubliez jamais que la qualité du produit neutre est importante pour la qualité du produit chargé.

LES PRODUITS ACTIFS À UTILISER

Parmi les produits les plus faciles à utiliser, signalons les métaux. C'est l'une des plus classiques utilisations des eaux, huiles ou graisses chargées.

On connaît certaines propriétés thérapeutiques des métaux :

- **or :** cœur, troubles de la circulation,
- **cuivre :** infections diverses, dégénérescence des tissus osseux,
- **fer :** anémie, asthénie,
- **argent :** infections, comme le cuivre, troubles de l'affectivité, cicatrisation,
- **étain, zinc :** affections de la peau...

On pourrait continuer ainsi longtemps... En dehors de quelques exemples classiques que nous allons décrire ci-dessous, nous vous conseillons de rechercher le métal à utiliser sur une liste ou une table. Nous donnons dans ce livre une table des métaux qui vous permettra d'élargir considérablement (si vous utilisez des témoins nombres ou des témoins mots) votre "arsenal de produits chargés". Voici la marche à suivre pour l'utilisation des eaux et autres produits chargés par des métaux.

1. **Se munir du pendule et de la table des métaux.**
2. **Lancer le pendule en oscillation et promener rapidement l'antenne sur la table.**
3. **Lorsque l'on a sélectionné un métal, en noter le nom pour fabriquer par la suite le "témoin mot" ou le "témoin nombre".** Si vous avez sélectionné un métal courant et que vous disposiez d'un témoin pour ce métal, vous pouvez vous dispenser du "témoin virtuel". Soyez prudent, bien des objets que vous croyez être en cuivre, en fer, en plomb ou en étain sont en réalité fabriqués avec des alliages.

Pour une charge d'eau ou de tout autre produit, ces objets en alliages donneront de moins bons résultats que les témoins virtuels (mots ou nombres).

RÈGLE

Nous ne sommes pas dans le domaine de la physique. Sachez qu'un **témoin nombre** s'utilise une seule fois.

Ce n'est pas parce que le nombre 123657 vous a permis de générer l'"onde du cuivre" pour Monsieur X, que ce même nombre conviendra pour générer l'onde du cuivre pour Madame Y. Chaque fois que vous désirez générer l'onde d'un métal quelconque vous devez recréer le **témoin nombre.**

Notez que cette règle n'est valable que pour les travaux en émission. Notez également que cette règle souffre un certain nombre d'exceptions.

4. **Le métal étant sélectionné, déterminez le produit à charger :** Est-ce une huile, une eau, une graisse animale, une graisse végétale ?

5. **Ce produit est-il à usage interne ou externe ?** Cette question ne s'applique généralement qu'aux eaux chargées. Les huiles et les graisses n'ont que des usages externes.

6. **Déterminez maintenant la dose à laquelle le produit doit être absorbé ou utilisé.** Ceci est valable surtout pour les eaux chargées à usage interne. La dose est en général de l'ordre du verre à Bordeaux.

7. **Déterminez la fréquence des prises.**

8. **Déterminez la durée du traitement.**

Pour les points 4, 5, 6 vous trouverez des tables adaptées en fin d'ouvrage.

QUELQUES EXEMPLES D'UTILISATION CLASSIQUE DES PRODUITS CHARGÉS

Ces exemples font partie des exceptions à la règle ci-dessus. Ils font appel à des propriétés classiques des métaux en radiesthésie.

■ PLAIE INFECTÉE.

Indépendamment du traitement en cours et sans interrompre celui-ci, vous pouvez accélérer la réaction du corps en appliquant sur la plaie des compresses d'eau distillée chargées à l'argent. Dans ce cas particulier, vous n'avez pas à faire de recherche de nombre pour fabriquer un "témoin nombre". Utilisez tout simplement le nombre atomique de l'argent **47.** Vitalisez-le comme un témoin nombre obtenu par une recherche.

■ INSOMNIE.

Eau chargée à l'aluminium ; un verre à bordeaux chaque soir au coucher. Même méthode d'élaboration que ci-dessus, mais de préférence avec une eau minérale. On fabriquera donc le témoin nombre avec le nombre atomique de l'aluminium **13.** Notez que l'eau chargée à l'aluminium ne soulage pas toutes les insomnies.

■ EMOTIVITÉ, FAIBLESSES, ANÉMIE.

Eau chargée au fer, un verre à bordeaux chaque matin le plus souvent, mais la dose peut varier... On fabriquera le témoin nombre avec le nombre atomique du fer, **26.**

■ HYPERSENSIBILITÉ AUX CHANGEMENTS DE TEMPÉRATURE.

Eau chargée au sélénium, un verre à bordeaux par jour, mais la dose peut varier. On fabriquera le témoin mot avec le nombre atomique du sélénium, **34.**

■ HÉMATOMES.

Applications répétées de compresses d'eau chargée au plomb. On fabriquera le témoin en utilisant le nombre atomique du plomb, **82.** Notez qu'il peut parfois être préférable dans ce cas d'appliquer sur l'hématome une "graisse" ou une "huile chargée au plomb".

■ DOULEURS AIGÜES DE CAUSE INCONNUE APPARAISSANT ET DISPARAISSANT RAPIDEMENT - SPASMOPHILIE - CRAMPES.

Eau chargée au magnésium. Suivant les cas, le pendule peut indiquer une utilisation interne ou externe, des prises régulières ou à l'occasion des douleurs. On réalisera le témoin nombre à partir du nombre atomique du magnésium, **24.**

■ TROUBLES CARDIAQUES, ARYTHMIE, EXTRASYSTOLES.

Eau chargée à l'or, un verre à Bordeaux par jour, mais la dose peut varier. On utilisera pour élaborer le témoin le nombre atomique de l'or, **79.**

Toutes ces eaux chargées constituent des "cas particuliers". Les témoins élaborés à partir du n° atomique d'un métal **peuvent être conservés et réutilisés indéfiniment.**

Notez que les eaux que nous avons utilisées ici constituent ce que nous appellerons (mais nous venons de créer cette appellation) les eaux chargées classiques. Nous donnons en fin d'ouvrage des planches de témoins comportant le nom d'un métal ou d'un métalloïde et son nombre atomique. Lorsque vous avez sélectionné un métal ou un métalloïde, vous pouvez toujours utiliser le mot-clé "classique". Une réponse favorable du pendule à cette question, vous permettra d'éviter la fabrication d'un témoin nombre particulier.

Différence entre les eaux classiques et les autres

Pourquoi existe-t-il deux façons de charger une eau de l'onde d'un même métal ?

C'est certainement la question que vous vous posez en lisant ce chapitre. J'ai eu la curiosité de tenter d'y répondre. Je me suis muni de deux règles (a et b) graduées de 0 à 100.

La première règle (a) représentant une unité de "longueur d'onde (1)". La seconde règle (b) représentant un sous-multiple de cette unité. J'ai testé quelques eaux classiques et d'autres des mêmes métaux.

On constate en effectuant cette expérience que sur la règle a, les eaux classiques "vibrent" (1) à la même "longueur d'onde" que les autres. Par exemple, si l'eau classique du fer donne 50 sur la première règle, les autres eaux élaborées comme eaux chargées au fer donneront également 50. En revanche, sur la seconde règle (b), il n'apparaît plus de point commun entre l'eau classique et les autres... Les autres n'ont d'ailleurs pas non plus de point commun entre elles ; celle élaborée pour Monsieur X peut "vibrer à 10" et celle élaborée pour Madame Y à 99.

---

(1) Nous n'employons l'expression "longueur d'onde" et le verbe "vibrer" que par analogie. Nous n'émettons aucune hypothèse sur la nature de ce qui est mesuré par ce moyen. Il s'agissait seulement de mettre en évidence des différences de nature entre telle "eau chargée" et telle autre "eau chargée". De même les deux règles a et b peuvent très bien représenter autre chose que des multiples et des sous-multiples... Vous comprendrez mieux ce dont il s'agit en lisant le chapitre consacré aux règles et secteurs utilisés en radiesthésie.

CHAPITRE SIX

ACTION AVEC LE PENDULE ÉGYPTIEN ET LA PYRAMIDE

Nous abordons ici une autre méthode d'action à distance avec le pendule égyptien. Chaumery et De Bélizal croyaient que ce type d'action relevait de la "science de l'ancienne Egypte", voire de sa **magie.** N'ayons pas peur des mots, ce que nous allons expliquer maintenant ressemble plus à de la magie qu'à de la télé-radiesthésie.

LES PHRASES SUIVANTES S'APPLIQUENT À TOUTES LES MÉTHODES DÉCRITES DANS CE CHAPITRE À L'EXCEPTION DES APPLICATIONS DE SANTÉ, INDÉPENDANTES DE L'ÉTAT ÉMOTIONNEL DE L'OPÉRATEUR.

Nous insistons donc particulièrement sur la nécessité absolue pour l'opérateur d'être "détaché" du résultat à obtenir. Ce que nous expliquons ici ne peut être utilisé avec profit ni par un "amoureux transi" ni par une "mère angoissée". Si vous faites partie de l'une de ces deux catégories ou de groupes comparables par leur état émotionnel, sachez que vous ne pouvez utiliser les méthodes décrites dans ce chapitre pour résoudre des cas vous concernant personnellement...

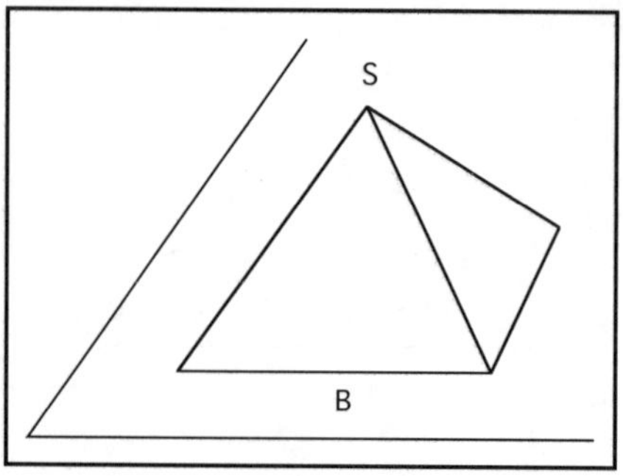

Utilisez autant que possible toujours la même pyramide pour vos travaux. Plus on l'utilise, plus la pyramide se charge. Laissez votre pyramide toujours à la même place, que vous l'utilisiez ou non.

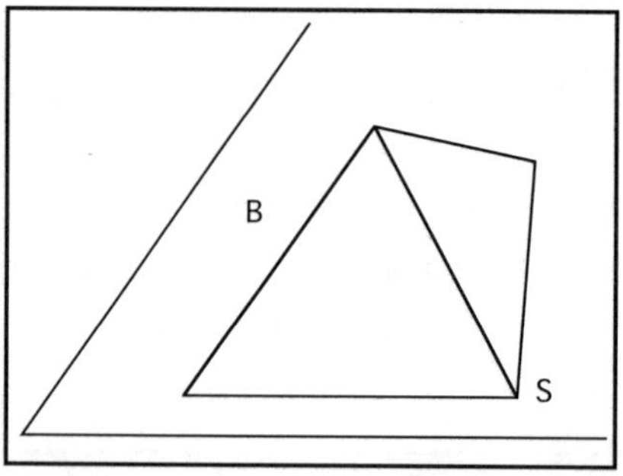

Couchez votre pyramide sur le côté quand vous ne l'utilisez pas.
Installez votre pyramide le plus loin possible
de tout objet en fer, de tout appareil ou prise électrique.

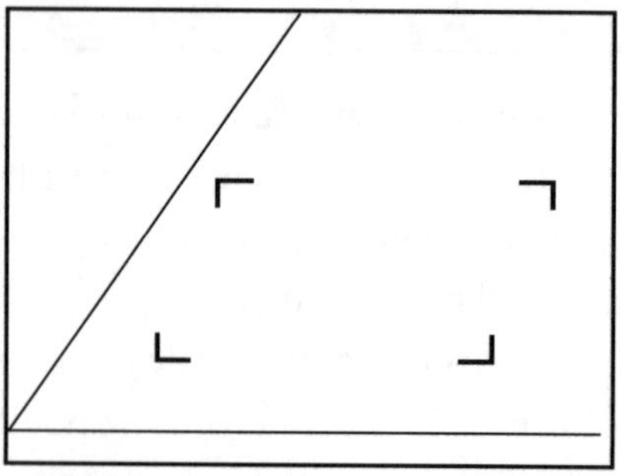

Protégez le meuble sur lequel vous placez votre pyramide,
et repérez avec précision son orientation.

1. NOTIONS GÉNÉRALES.

La pyramide de Khéops dite "grande pyramide" combinée au pendule égyptien (où à l'un de ses substituts) est l'un des systèmes les plus puissants de télé-radiesthésie...

Vous voulez obtenir un résultat, que ce soit dans un domaine concret (médecine, agronomie...) ou dans un domaine abstrait (développement personnel, retour d'affection...) et vous n'avez pas réussi avec le pendule égyptien. Essayez de combiner l'action du pendule égyptien et de la pyramide.

Pour être sûr d'obtenir les meilleurs résultats possibles, suivez les instructions ci-dessous.

RÈGLES GÉNÉRALES D'UTILISATION DE LA PYRAMIDE

Utilisez autant que possible toujours la même pyramide. Couchez votre pyramide sur le côté quand vous ne l'utilisez pas (dans cette position elle cesse d'émettre). Eloignez votre pyramide des influences "électro-magnétiques". Réservez lui un meuble, et laissez-la toujours à la même place. Repérez sur ce meuble l'orientation précise de votre pyramide.

a - Matériel indispensable.

Si vous désirez associer pyramide et pendule égyptien, il vous faut disposer, outre une pyramide, d'un certain matériel :

- une boussole,
- une étoile à 6 branches,
- une règle plate graduée ou non,
- un socle permettant de placer un objet au 1/3 de la hauteur de votre pyramide.

Figure 1

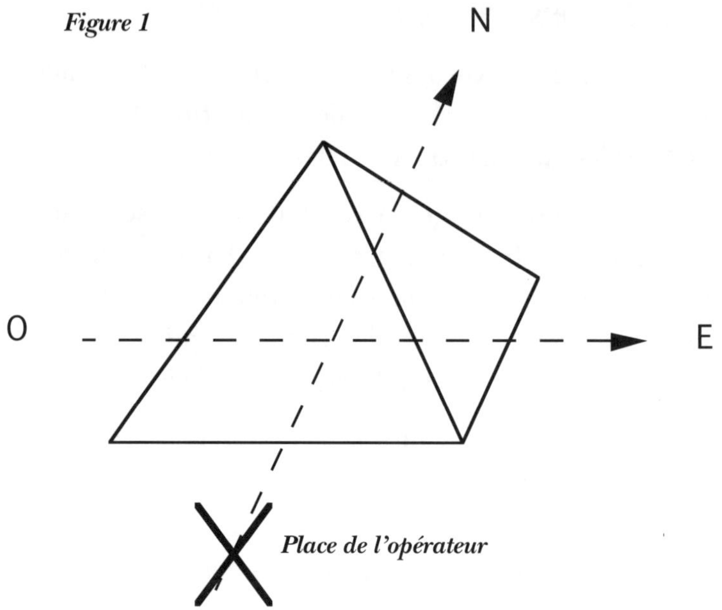

Figure 2

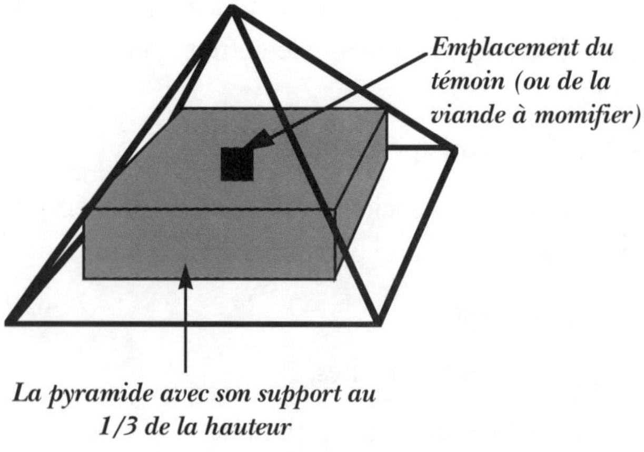

b - Pour toutes les applications qui suivent vous devez avant toute autre chose orienter votre pyramide.

Sachez que la pyramide (associée ou non au pendule égyptien) **fonctionne bien** si ses faces sont orientées Nord Sud et Est Ouest (voir figure 1). Le mieux pour l'opérateur étant de se placer au Sud (il s'agit du Nord magnétique).

Sachez également qu'elle **fonctionne mieux** si les côtés de la pyramide sont orientés **Nord de forme - Sud de forme.**

Le Nord de forme est une sorte de Nord local qui tient compte des perturbations engendrées par les bâtiments, les masses métalliques, les conducteurs électriques.

Nous vous conseillons si vous envisagez de travailler régulièrement avec la pyramide, de tenter quelques expériences de dessiccation de viande.

Essayez d'abord en orientant la pyramide au **Nord magnétique**, essayez ensuite en l'orientant au **Nord de forme.** Les expériences qui fonctionneront le mieux vous indiqueront quel est pour le lieu où vous vous trouvez la meilleure orientation. En effet, dans certains lieux, le Nord de forme se promène constamment, et l'orientation au **Nord de Forme** est inutilisable. Dans d'autres cas, par exemple dans certains immeubles à charpente métallique, l'orientation **Nord magnétique, Sud magnétique** étant complètement faussée, seule l'orientation au **Nord de forme** est utilisable.

Pour dessécher un morceau de viande, placez-le sous le sommet de la pyramide convenablement orientée au 1/3 de la hauteur... N'y touchez plus pendant environ 11 jours, sauf si des effluves malodorantes viennent témoigner de l'échec de l'expérience.

ORIENTATION DE LA PYRAMIDE

Orienter la règle de façon que l'aiguille de la boussole soit rigoureusement parallèle aux bords de la règle.

Figure 3

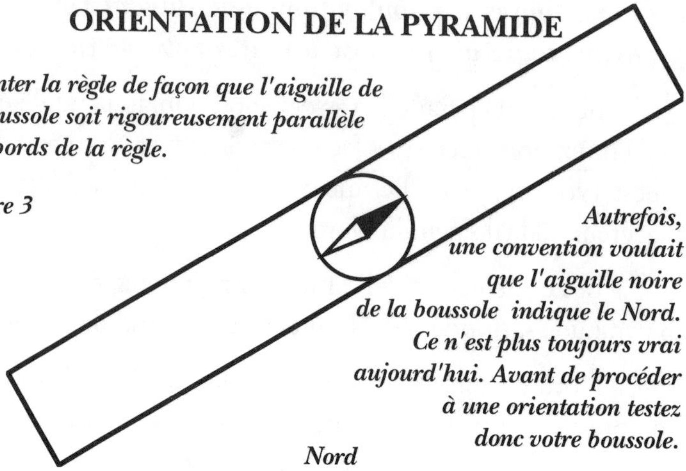

Autrefois, une convention voulait que l'aiguille noire de la boussole indique le Nord. Ce n'est plus toujours vrai aujourd'hui. Avant de procéder à une orientation testez donc votre boussole.

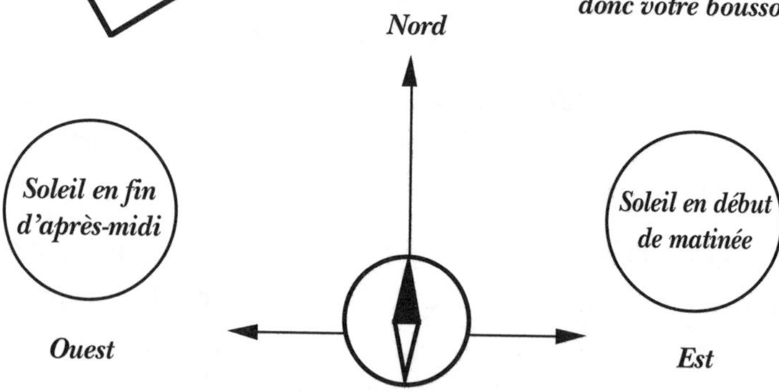

Test d'une boussole :
Si l'opérateur tenant la boussole à la main et regardant dans la direction indiquée par la partie noire de l'aiguille ne voit pas le soleil à sa droite en début de matinée (ou à sa gauche en fin d'après-midi), c'est que c'est l'aiguille blanche qui indique le Nord.

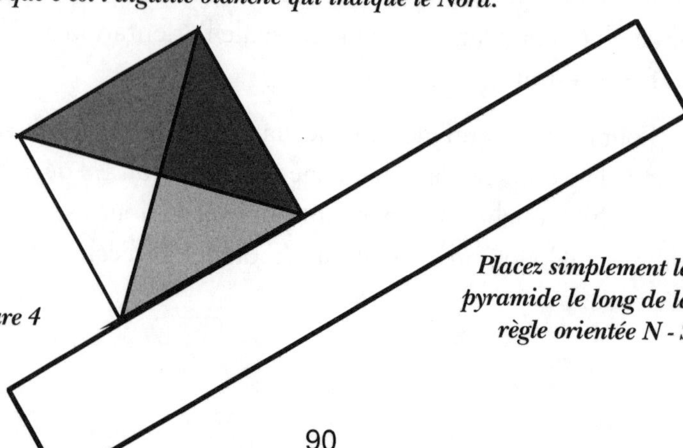

Figure 4

Placez simplement la pyramide le long de la règle orientée N - S

L'ORIENTATION DE LA PYRAMIDE EXIGE LE RESPECT DE CERTAINES CONDITIONS

Vous devez disposer d'une table de travail en bois, sur laquelle ne repose aucun objet en fer, acier ou fonte... enfin aucun objet en métal magnétique. Vérifiez que vous ne vous êtes pas placé près d'un radiateur, d'une conduite d'eau (même en cuivre ou en pvc).

ORIENTATION AU NORD MAGNÉTIQUE

1. Posez la règle plate sur la table (comme page ci-contre).
2. Posez la boussole sur la règle plate. Orientez la règle plate de façon qu'elle soit dans le prolongement des aiguilles de la boussole (figure 3).
3. Repérez avec un crayon en écrivant sur la table (il n'est pas interdit de la protéger avec une nappe en papier) la direction Nord-Sud ainsi repérée.
4. Positionnez votre pyramide suivant la direction repérée (figure 4).

ORIENTATION AU NORD DE FORME

Repérer la direction du nord magnétique sur la table avec un trait de crayon ou de craie (il n'est pas interdit de protéger la table avec un papier ou une planche à dessin). Punaisez le sceau de salomon sur le trait ainsi tracé. Lancez le pendule en oscillation et prononcez le mot clé "Nord de forme". Faites tourner lentement le sceau vers la gauche, puis si nécessaire vers la droite jusqu'à obtenir l'entrée en giration du pendule.

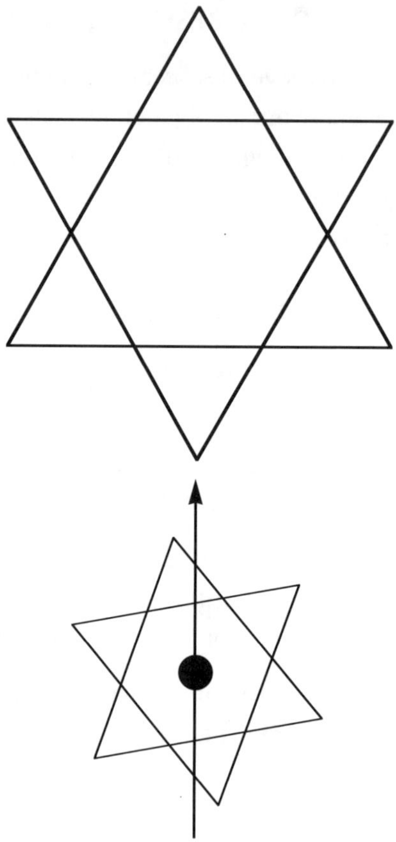

Nord magnétique

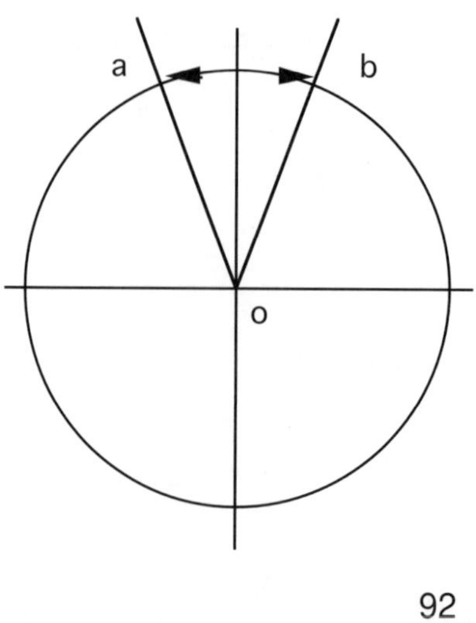

Le secteur o a b indique la zone à l'intérieur de laquelle peut se situer le Nord de forme. (environ 20° de part et d'autre du Nord magnétique).

ORIENTATION AU NORD DE FORME

1. Procédez d'abord au repérage du Nord magnétique (points 1 à 3 de l'alinéa "orientation au Nord magnétique)".
2. Placez sur la ligne repérant la direction Nord magnétique - Sud magnétique une étoile à 6 branches en carton découpé.
3. Lancez votre pendule en oscillation au-dessus du centre de l'étoile à 6 branches en prononçant le mot clé "Nord de forme".
4. Faites tourner lentement l'étoile dans le sens des aiguilles d'une montre.

Votre pendule entrera en rotation lorsque l'un des axes de l'étoile coïncidera avec la direction Nord de forme, Sud de forme.

6. Prononcez le mot clé **"neutre"** pour ramener votre pendule en oscillation.
7. Testez avec le mot clé **"Nord de forme"** la pointe de l'étoile qui se trouvait originellement au Nord magnétique. Si le test est négatif, testez les deux pointes voisines.
8. Repérez la direction Nord de Forme Sud de forme sur la table avec un crayon.
9. Positionnez votre pyramide dans la direction repérée.

Notez que, plus le sceau de Salomon est grand,
plus l'orientation est précise.

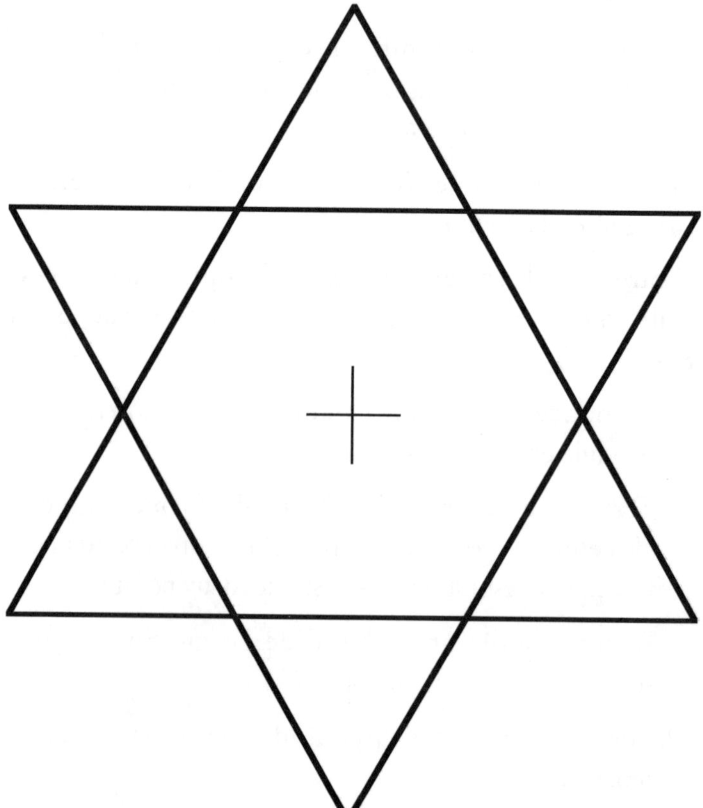

Faites photocopier ce sceau de Salomon, collez le sur un carton
et découpez le, il constitue votre "boussole radionique".
Vous pouvez le faire agrandir.

c- Disposition des objets et témoins sous la pyramide.

Tout objet ou témoin, sauf indication contraire dans les pages qui suivent doit être placé sous la pyramide à la verticale du centre de celle-ci, et au 1/3 de sa hauteur.

d- Pyramide et rayonnements.

Chaumery, De Bélizal et Morel ont imaginé de repérer les ondes de formes avec un code de couleurs. Ils ne sont pas les seuls. Louis Turenne, qui fut leur contemporain, avait effectué le même genre de travail. Bien d'autres radiesthésistes ont eu la même idée.

Contrairement à ce que peut penser le lecteur, les cartes des "radiations" de la pyramide ainsi définies ne se superposent pas. Là où l'un trouve du bleu, l'autre trouve du rouge, un troisième du noir ... Pourtant, malgré ces contradictions, **tous ces expérimentateurs ont obtenu des résultats probants.**

Cela semble démontrer que les codes de couleur élaborés par les différents expérimentateurs sont fonction de leurs hypothèses de travail. Cela ne signifie pas qu'ils se sont trompés. Simplement, ils se sont compliqués la vie en voulant donner à la radiesthésie des principes comparables à ceux des sciences physiques. Ils ont pensé pouvoir établir que les "ondes radiesthésiques" étaient des "harmoniques" des ondes lumineuses. En fait tous ces systèmes de couleurs relèvent en partie de l'illusion... **Ce qui ne les empêche pas d'être parfaitement utilisables en radiesthésie.** Nous vous invitons à vous référer aux planches ondes de la pyramide.

Tous les auteurs ont affirmé que les ondes de la pyramide pouvaient, convenablement dirigées sur un témoin, soigner de nombreuses maladies. Etant donné la multiplicité des codes de couleur, on peut considérer qu'il existe deux méthodes de "soins à distance" avec la pyramide et le pendule.

La première méthode consiste à choisir un code de couleurs (auquel on se tiendra définitivement), et à utiliser une règle ou une planche permettant de choisir la couleur à "projeter" sur le témoin.

La seconde méthode consiste à ne pas tenir compte des divers codes de couleurs, et à déterminer tout simplement la position de l'onde qui convient le mieux à l'objectif que nous nous sommes fixés.

Nous expliquerons en détail ces deux méthodes. Notre préférence va à la seconde, parce qu'elle est plus "abstraite", et que par conséquent elle comporte moins de risques d'interventions intempestives du mental, donc moins de risque d'erreur.

2. SOIGNER AVEC LA PYRAMIDE ET LE PENDULE ÉGYPTIEN.

a- Utiliser les codes de couleurs.

Pour utiliser les codes de couleur, il vous faut disposer du matériel suivant :

- Un pendule égyptien (ou un pendule de substitution).
- Une pyramide.
- Une feuille de papier coupée en carré dont le côté est égal au double du côté de la pyramide que vous utilisez. Nous appellerons cette feuille le "plateau". Les trois planches représentant les "ondes de couleur de la pyramide" constituent trois modèles de plateaux.

En plus de ce matériel il vous faut la règle correspondant au plateau que vous allez utiliser et une "antenne" (un crayon ou votre doigt peuvent constituer une antenne).

A défaut de règle, utilisez un modèle réduit des plateaux. (Les représentations des plateaux contenues dans ce livre conviennent à cet usage).

PREMIÈRE ÉTAPE : SÉLECTION DE L'ONDE À UTILISER

Disposez devant vous une règle ou un modèle réduit du plateau correspondant au code couleur que vous avez choisi d'utiliser, un témoin du malade, votre pendule égyptien.

Lancez votre pendule égyptien en oscillation au-dessus de la photo du malade et prononcez le mot clé **"imprégnation"**.

Votre pendule entre en giration dans le sens inverse des aiguilles d'une montre. Laissez-le tourner jusqu'à ce qu'il revienne à l'oscillation. Saisissez-vous de votre antenne et promenez la sur la règle de sélection (ou sur le plateau).

Lorsque votre pendule entre en giration dans le sens des aiguilles d'une montre, vous avez sélectionné l'onde qui convient au cas à traiter. Notez le nom de l'onde sur un calepin ou dans votre tête si vous avez une bonne mémoire.

SECONDE ÉTAPE : ÉMISSION DE L'ONDE

Votre premier travail est d'orienter non plus la pyramide, mais le plateau. Vous devez faire coïncider la direction N - S du plateau avec le Nord de forme ou avec le Nord magnétique (si nécessaire relisez à ce propos les "notions générales" au début du présent chapitre).

Le plateau s'oriente exactement comme la pyramide. Ceci étant réalisé vous allez pouvoir procéder à l'émission. La méthode à employer se détermine en fonction du rapport des dimensions entre votre témoin et la pyramide que vous utilisez.

CAS 1

Votre témoin tient sur le plateau dans le secteur représentatif de l'onde à émettre. Placez le témoin dans ce secteur (voir figure 1).

CAS 2

Votre témoin (en général une photo) est trop grand pour tenir dans le secteur correspondant à l'onde à émettre, mais il peut tenir sur le support permettant de maintenir un objet au 1/3 de la hauteur. Placez le témoin sur ce support.

CAS 3

Votre témoin est trop grand pour tenir au 1/3 de la hauteur de la pyramide. Placez-le au centre du plateau de la pyramide.

CAS 4

Votre témoin est plus grand que la base de la pyramide : obtenez un témoin de taille adaptée, ou faites faire par un photographe une photo du témoin de taille adaptée.

Ces quatre cas se résument à deux situations. Soit votre témoin occupe un secteur du plateau, soit il est sous la pyramide.

LE TÉMOIN EST SUR UN SECTEUR DU PLATEAU :

Lancez votre pendule égyptien au-dessus du sommet de la pyramide et prononcez le mot clé **"émission".** Le pendule entre en giration. L'émission est terminée quand il revient spontanément à l'oscillation.

ORIENTATION SUR PLATEAU

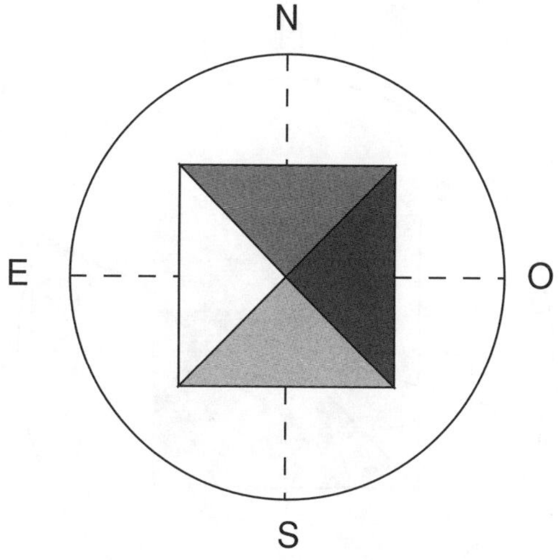

Le plateau et la pyramide sont solidaires.
Supposons que nous avons sélectionné au pendule le secteur 1.

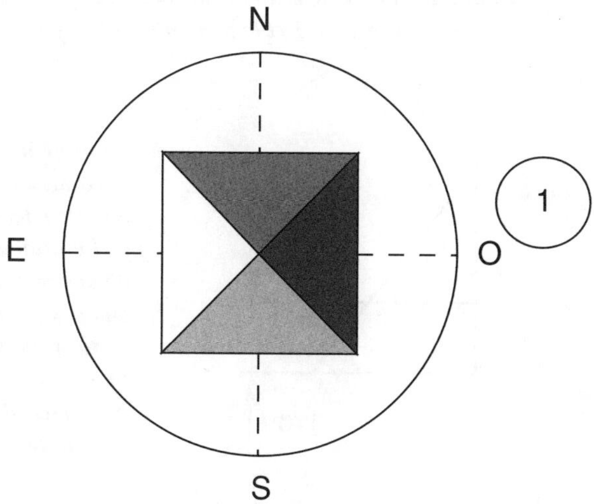

Le témoin est placé dans le secteur 1.

Pion de sélection

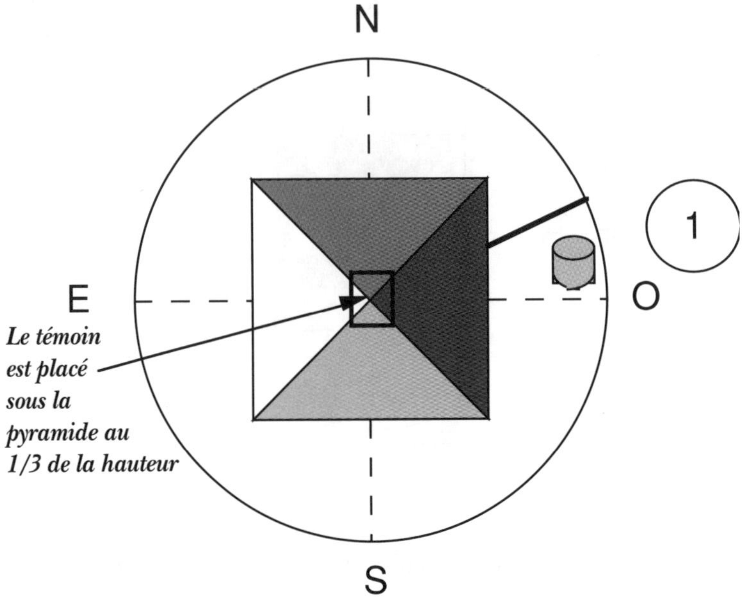

En supposant que l'on ait sélectionné la zone 1, le pion de sélection est placé dans la zone 1 et le témoin sous la pyramide.

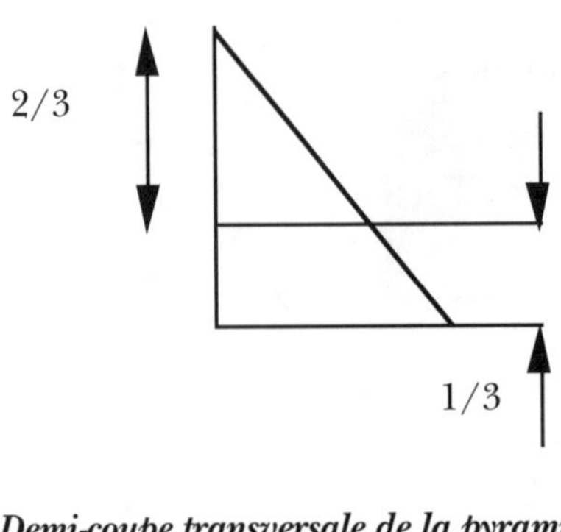

La hauteur maximum du témoin ne doit pas dépasser le 1/3 de la hauteur de la pyramide. Donc, si le témoin a une certaine épaisseur, placez -le au centre de la base de la pyramide.

Demi-coupe transversale de la pyramide selon une médiane de la base.

LE TÉMOIN EST SOUS LA PYRAMIDE :

Dans ce cas, la méthode indiquée par Chaumery et De Bélizal est la suivante : maintenez durant toute l'émission un doigt posé sur le secteur correspondant à l'onde que vous devez émettre. Donc :

1. Posez le doigt sur le secteur représentant l'onde à émettre.
2. Lancez le pendule en oscillation.
3. Prononcez le mot-clé "émission".

C'est parfait, mais cela oblige parfois à quelques contorsions. J'ai donc cherché une solution plus confortable. J'ai découvert que le doigt peut être remplacé par n'importe quel objet plein à base circulaire ; un pion de jeu de dames ou de jeu d'échec convient parfaitement, un cylindre découpé dans une baguette ronde également. La seule contrainte concernant cet objet, c'est ses dimensions. Sa hauteur doit être comprise entre le 1/50e et le tiers de la hauteur de votre pyramide. Son diamètre doit être inférieur à la moitié de la largeur du plus petit secteur du plateau, cette largeur étant mesurée à l'endroit où sera posé le "pion" (voir ci-dessous). Quant au meilleur endroit possible pour poser le pion, c'est le "cercle inscrit" au décagone inscrit dans le plus grand cercle du plateau. Ne vous inquiétez pas nous avons matérialisé ce cercle sur les quatre plateaux que nous vous proposons. Une fois ce pion mis en place, la méthode d'émission est rigoureusement identique :

- lancez le pendule en oscillation ;
- prononcez le mot-clé "émission".

Le pendule entre en giration dans le sens des aiguilles d'une montre. Lorsqu'il revient à l'oscillation, l'émission est terminée.

PLATEAU CHAUMERY, DE BELIZAL ET MOREL

LÉGENDE :

V+ : Vert positif
V- : Vert négatif
J : Jaune
Bl : Bleu
O : Orange
N : Noir
R : Rouge
Ir : Infra Rouge
B : Blanc
Uv : Ultra Violet
Vi : Violet
I : Indigo

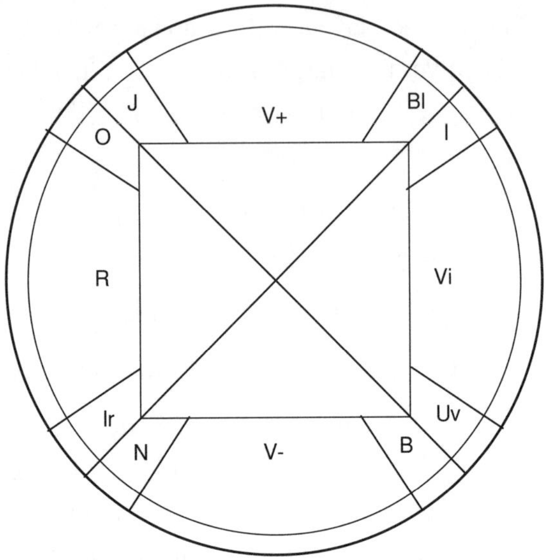

PLATEAU SELON L. TURENNE

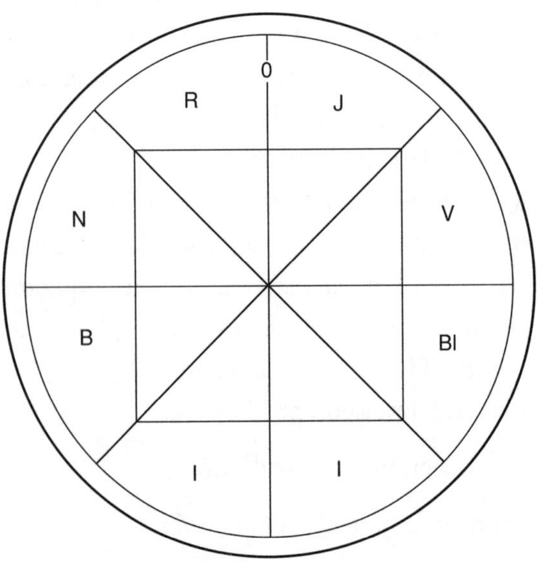

Les couleurs sont désignées par les mêmes initiales que pour le plateau De Bélizal et Morel. Turenne ne détecte que 8 secteurs et 7 couleurs

b- Travailler indépendamment des codes couleurs :

Le quatrième plateau comporte 36 secteurs numérotés de 1 à 36. Le travail à effectuer est le même que pour les plateaux représentant des codes de couleurs. La méthode d'émission est la même, simplement l'opérateur est dégagé des divers calepins concernant les couleurs.

c- Travaillez sans plateau :

On peut également travailler sans plateau, il suffit de rechercher la position du témoin au pendule, de poser le doigt sur le témoin, et de faire girer volontairement le pendule au-dessus de la pyramide, mais le plateau à 36 cases s'avère plus pratique pour des actions répétées.

CADRAN MUET 36 CASES

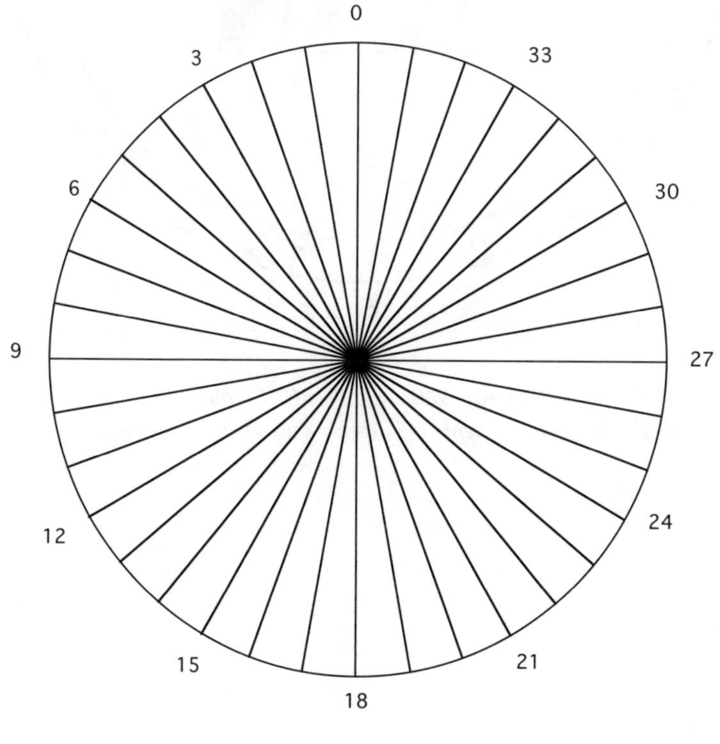

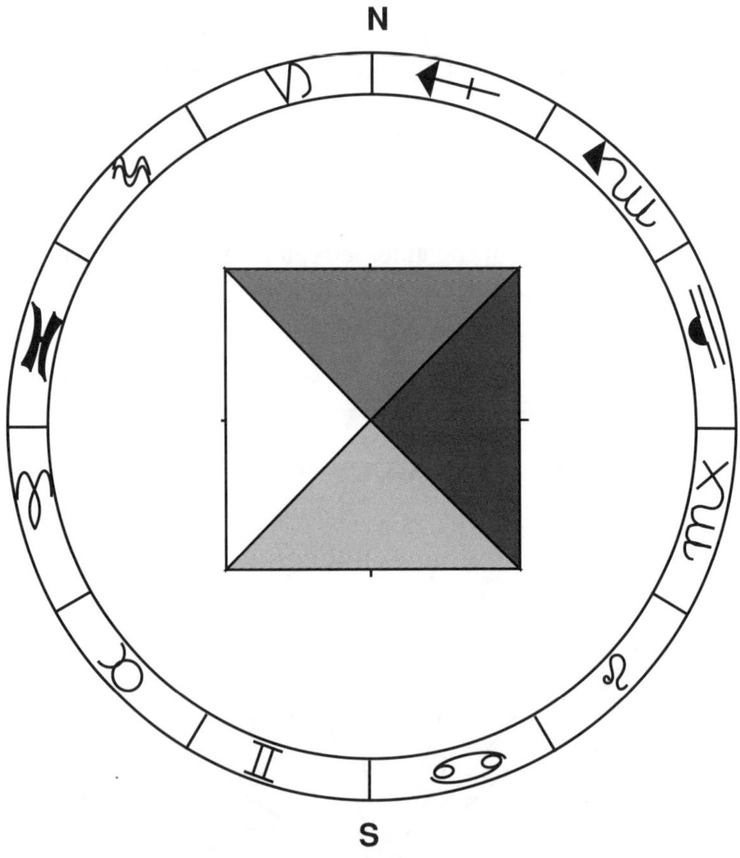

Plateau zodiacal selon G. Condé :
Zodiaque fixe orienté à l'inverse du zodiaque cosmique.

d- Traitement et fréquence du traitement :

Si vous entreprenez des traitements avec cette méthode, sachez que, habituellement, l'émission s'effectue une seule fois par jour. Sachez également que **vous devez rechercher avant chaque émission l'onde qui convient à la personne traitée.** L' "onde" qui convenait hier n'est peut-être plus adaptée aujourd'hui.

e- Cas particulier du cadran zodiacal de Condé :

Le plateau zodiacal proposé par Condé est un cas particulier. En effet, le cercle divisé en 12 cases est en soi un émetteur d'ondes de formes. Le fait de dessiner dans les 12 cases de ce cercle les symboles des 12 signes du zodiaque en fait un émetteur orienté. L'association pyramide - représentation zodiacale constitue donc un nouvel émetteur d'onde, dans lequel la pyramide ne joue plus qu'un rôle d'amplificateur.

Bélier	Rouge vif (couleur du sang artériel)
Taureau	Vert (herbe)
Gémeaux	Argent
Cancer	Blanc cassé
Lion	Orange soutenu
Vierge	Blanc pur (1)
Balance	Vert d'eau
Scorpion	Rouge sombre (couleur du sang veineux)
Sagittaire	Bleu outremer
Capricorne	Marron ou noir
Verseau	Violet évêque
Poissons	Vert bleu ou Bleu vert

(1) La vierge ne saurait être multicolore que dans la mesure où ce "multicolore" représenterait la décomposition de la lumière blanche. C'est ce que l'on obtient avec un cristal. A moins que vous ne trouviez une peinture qui produit les mêmes effets, le plus sage est de remplacer le "multicolore" par du blanc le plus éclatant possible.

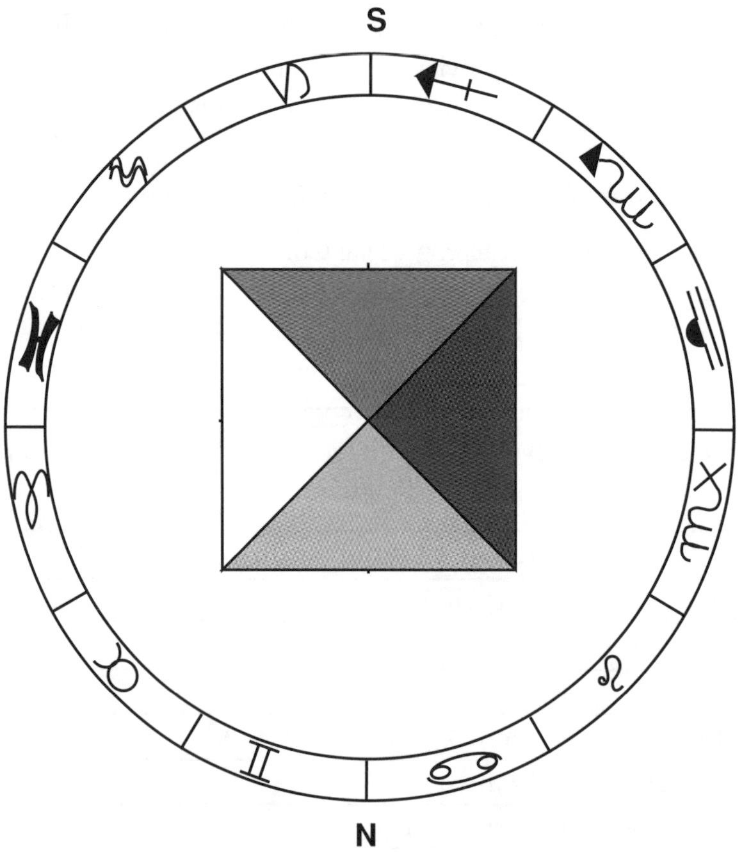

Plateau zodiacal cosmique :
L'orientation du zodiaque est conforme à l'orientation réelle,
l'opérateur se place au Nord du plateau.

Ce plateau offre donc des possibilités plus riches que celles que laisse entrevoir Bernard Georges Condé dans son ouvrage ***"Les outils de Pharaon ou l'avenir du passé".***

Pour pouvoir profiter de ces possibilités, il faut néanmoins apporter à ce plateau quelques modifications, et, en particulier, restituer à certains signes du zodiaque leur couleur traditionnelle.

A partir du moment où l'on aura peint les 12 secteurs du cadran zodiacal avec les couleurs données ci-dessus, on pourra tirer un meilleur parti de ce cadran. Il y a une autre erreur à rectifier : l'orientation du cadran. Il faut savoir que dans la représentation classique du zodiaque (Bélier à gauche), le **Sud est en haut** et le **Nord en bas...** Jusqu'à preuve du contraire, le "tropique du Cancer" est dans l'hémisphère Nord, et le tropique du Capricorne dans l'hémisphère Sud.

C'est à partir du moment où ces modifications ont été apportées au cadran zodiacal qu'il fonctionne comme un véritable émetteur d'ondes de formes. Lorsqu'on utilisera ce plateau modifié, il faudra que l'opérateur se place plein Nord par rapport au cadran.

Ce cadran, dans l'orientation proposée par Condé, ou dans celle que nous proposons, s'utilise de la même façon que les trois autres. A partir de là, nous aurons orienté notre pyramide conformément à l'orientation cosmique de la Terre. Dans cette position, que nous appellerons la position 0, l'ensemble plateau-pyramide offre des possibilités comparables à celles des autres plateaux, mais le taux de réussite des opérations semble supérieur à celui observé avec les autres plateaux.

Ceci dit, ce nouvel ensemble plateau zodiacal-pyramide permet d'autres applications bien plus surprenantes qu'un simple "traitement par ondes de formes". Nous lui consacrerons donc un chapitre entier à la fin du présent ouvrage.

CAS PARTICULIER : LE CADRAN ZODIACAL

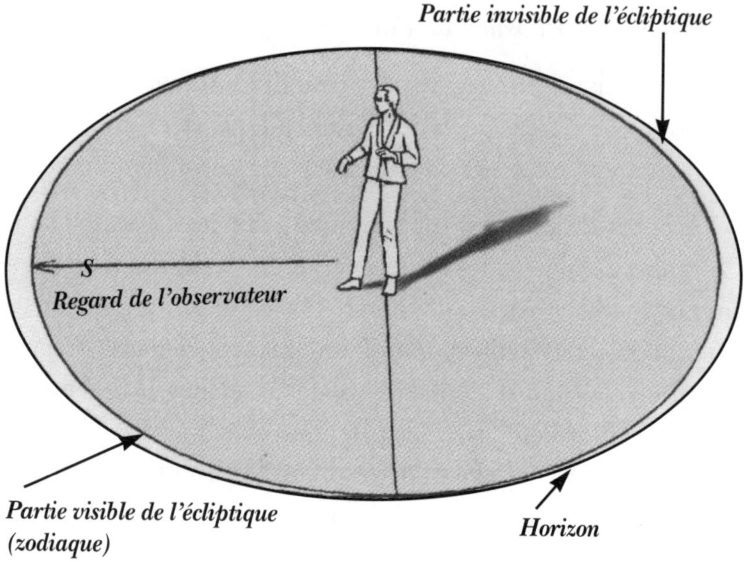

POUR VOIR LES ÉTOILES DU ZODIAQUE L'HOMME DOIT REGARDER VERS LE SUD

Les signes des Gémeaux et du Cancer sont au Nord.

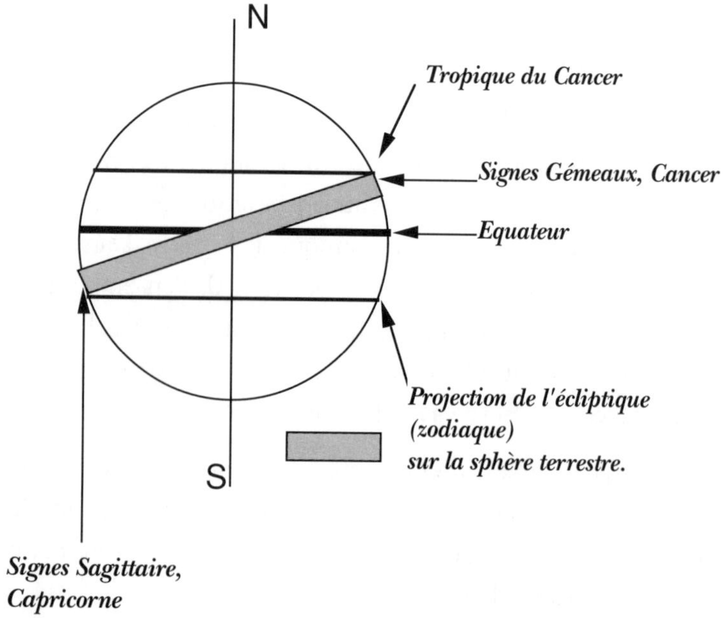

2. ACTIONS À DISTANCE AVEC LA PYRAMIDE ET LE PENDULE ÉGYPTIEN.

Ici, tout est beaucoup plus simple. Plus besoin de plateau. Les possibilités de cette action à distance sont multiples. La première de toutes est le "développement des capacités personnelles".

a - Développement des capacités personnelles :

Vous avez constaté que vous êtes timide ou que vous manquez de courage ou de calme, ou de persévérance. Vous pouvez améliorer cette situation en agissant sur vous-même avec la pyramide.

Attention, il ne s'agit pas lorsque vous agissez sur vous-même d'une action ponctuelle. Au contraire le but de l'opération est de vous modifier en profondeur, de rectifier votre comportement quotidien.

Nous allons d'abord vous présenter la méthode de base. Ensuite, nous vous proposerons des améliorations de cette méthode.

MÉTHODE DE BASE :

Vous avez déterminé la qualité que vous désirez développer en vous-même. Pour cela vous allez, chaque jour, projeter sur vous-même cette qualité à l'aide du pendule et de la pyramide. Pour plus de simplicité, prenons un exemple concret. Supposons que vous vous trouviez peu soigneux.

Première phase : élaboration d'un mot clé :

Vous allez évoquer cette idée. Qu'est-ce qu'être soigneux ? Pensez aux attitudes que cela implique chez vous. Répertoriez dans votre tête les habitudes et les attitudes qui font que vous vous considérez comme "peu soigneux". Pensez aussi aux conséquences qu'exerce votre manque de soin sur vos affaires personnelles, votre cadre de vie, votre budget et aux changements qu'apporterait le fait d'être soigneux dans votre vie. Quand vous aurez bien pris conscience de tout ce qu'impliquerait pour vous le fait d'être soigneux, créez le mot clé **"soin".**

Autrement dit, décidez que ce mot recouvre l'ensemble des modifications de votre comportement qu'impliquerait le fait d'être soigneux.

Seconde phase : émission quotidienne :

1. Orientez votre pyramide.
2. Placez une photo d'identité vous représentant sur le support au tiers de la hauteur.
3. Lancez au-dessus de la pyramide votre pendule en oscillation.
4. Prononcez le mot clé "soin" pour déclencher l'émission. Le pendule entre en giration dans le sens des aiguilles d'une montre ; lorsqu'il revient spontanément à l'oscillation, l'émission est terminée.

Répétez l'opération tous les jours si possible le soir avant d'aller dormir. En principe, c'est le meilleur moment pour une action à long terme sur votre propre comportement.

Effets :

Vous n'allez pas devenir soigneux du jour au lendemain. Vos habitudes vont se modifier, s'infléchir insensiblement. Dans quelques mois, vous constaterez soudain que vous avez changé. Il sera temps alors de faire un bilan. Etes-vous devenu suffisamment soigneux ? Etes-vous satisfait de votre évolution ? Si vous répondez oui à ces questions, alors vous pouvez cesser définitivement les émissions quotidiennes.

Si au contraire vous répondez "non", alors il faut approfondir ce bilan. "Qu'est-ce qui a changé ? Qu'est-ce qui n'a pas changé ? Que voudrais-je changer encore dans mon attitude ?" (toujours bien entendu en ce qui concerne le soin).

Remarquez que la plupart du temps, le fait même d'être devenu "plus soigneux" aura modifié votre conception du soin. Vous serez certainement plus exigeant que lors du premier bilan.

Ce nouveau bilan sera comme le précédent associé au mot clé "soin", et vous continuerez les émissions quotidiennes avec la pyramide jusqu'à ce que vous preniez conscience que vous avez atteint une nouvelle étape dans votre progression… Cela se fera spontanément au bout d'un certain temps.

Nous vous avons expliqué qu'il faut affecter votre réflexion (votre bilan) au mot clé "soin". Comment fait-on une chose pareille ?… La réponse est tellement simple, qu'elle en devient difficile. On ne fait rien. Quand on pense être arrivé à la fin de ses réflexions (à la fin du bilan), on pense simplement que tout cela, toutes les modifications d'attitude qui s'imposent sont rassemblées dans le mot clé **"soin".** La méthode serait la même si vous vouliez acquérir de **"l'assurance",** de **"l'amabilité"**, ou toute autre qualité.

AMÉLIORONS CETTE MÉTHODE AVEC DES TÉMOINS NOMBRES :

L'efficacité de cette méthode peut être améliorée. Vous venez de finir votre bilan et d'en affecter les conclusions au mot clé correspondant à la qualité que vous recherchez. Faites une recherche de "témoin nombre" à partir de ce mot clé. Lors de la mise en place de la pyramide, vous placerez le témoin nombre sous votre photo, et pour déclencher l'émission, vous prononcerez simplement le mot clé **"émission".** Vous fabriquerez un nouveau témoin nombre après chaque bilan.

Avant de fabriquer le nouveau témoin, vous brûlerez l'ancien témoin dans une coupelle à l'aide d'alcool.

Ce geste est très important. Il annule en quelque sorte votre ancienne conception et laisse la place à la nouvelle.

Le témoin nombre est dans ce cas plus efficace que le mot-clé, car il vous évite "d'interférer" mentalement avec le mot-clé. En effet, développer une qualité peut parfois être ressenti comme contraignant par une partie de votre personnalité. Si vous utilisez un "mot-clé", cette "partie rebelle" de votre personnalité peut intervenir pour en modifier légèrement le sens. En revanche, le témoin nombre est fixé au moment où vous voulez sincèrement et profondément modifier votre comportement et, même si une partie de vous-même se rebelle, elle ne pourra en modifier le sens.

b- Effectuer le même genre d'opération sur les autres :

En principe, ce type d'opération est bien plus facile à réussir sur les autres que sur soi-même. C'est vrai dans la plupart des cas, c'est vrai chaque fois que l'opérateur n'est pas impliqué émotionnellement dans la modification qu'il veut provoquer chez autrui. Il faut bien comprendre que si vous êtes traumatisé par les crises de colère de l'un de vos proches, vous ne serez pas suffisamment détaché du résultat de l'opération pour parvenir à votre but.

Chaque fois que ce que vous voulez corriger chez autrui est pour vous un sujet de trouble important ou d'angoisses, vous êtes certainement l'opérateur le moins qualifié qui soit pour entreprendre l'opération.

En quoi cette opération est-elle plus facile ? C'est simple, vous n'avez pas besoin d'effectuer un bilan. Il ne s'agit pas de vous-même. Vous ne savez pas comment la carence de telle ou telle qualité est vécue par la personne sur laquelle vous désirez agir.

Votre instrument, le seul possible, c'est le **sens général du mot-clé** que vous allez utiliser. La seule difficulté que vous allez rencontrer c'est le choix d'un mot-clé efficace.

c- Le choix d'un mot-clé :

Le choix d'un mot clé répond à certaines règles.

Un mot-clé est obligatoirement positif. On peut "développer une qualité" avec un mot-clé mais il est impossible de retirer un défaut. Cette règle implique que les mots-clés soient choisis avec soin. Supposons par exemple que vous désiriez amender le caractère d'un enfant qui a tendance à voler. D'instinct, vous allez utiliser le mot clé **"honnêteté".** Cela peut marcher... Vous pouvez également essuyer un échec. En fait, il est prudent avant de choisir un mot-clé d'analyser le problème.

C'est à l'opérateur de réfléchir. Pourquoi cet enfant vole-t-il ? Est-ce par faiblesse ? Parce qu'il ne peut pas ou ne sait pas résister à un désir ?

Est-ce parce qu'il n'a acquis aucun sens de la propriété et qu'il lui parait normal de s'approprier immédiatement ce dont il a envie ?

Est-ce par égocentrisme, parce que pour lui les autres (ceux qui sont propriétaires de ce qu'il vole) n'existent que par ce qu'ils lui apportent ? Si c'est par faiblesse qu'il vole, nous avons le choix entre deux mots-clés ; soit ses désirs sont trop forts et il faut utiliser le mot-clé **"détachement"**, soit c'est sa volonté qui est trop faible et il faut utiliser le mot-clé **"volonté".** Si c'est par inconscience, qu'il n'a acquis aucun sens de la propriété, ce sont les mots-clés **"conscience"** ou **"compréhension"** qui permettront de venir à bout de ce défaut. Enfin, si c'est par égocentrisme, les mots-clés **"solidarité"** ou **"fraternité"** se révèleront plus efficaces que tout autre. L'égocentrisme n'est en effet rien d'autre que l'absence totale de développement de l'une ou l'autre

LA PYRAMIDE MACHINE À SOUHAITS

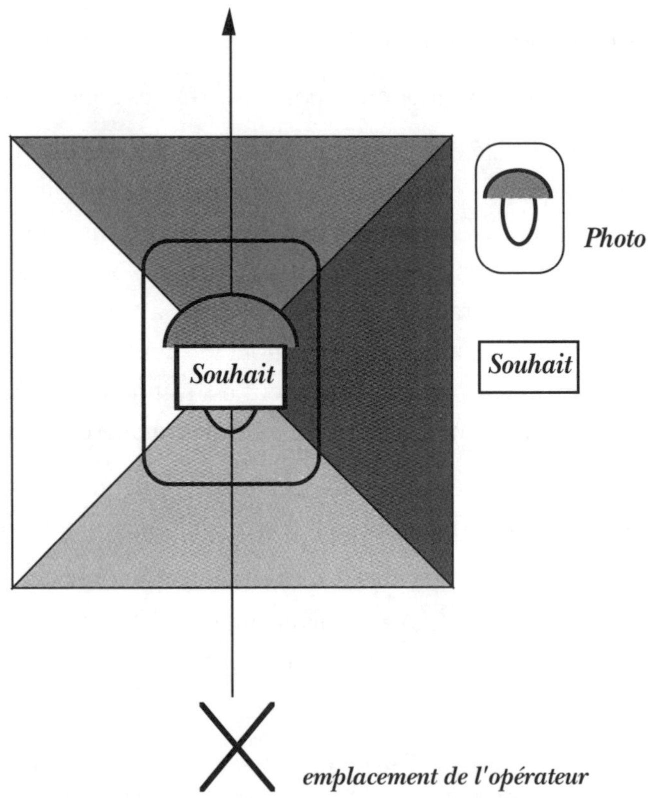

Nous avons exagérément élargi la photo placée sous la pyramide de façon à vous permettre de bien en repérer l'orientation ainsi que celle du souhait.

Si la pyramide est suffisamment vaste, placez souhait et photo sur un support au 1/3 de la hauteur.

de ces qualités. Ceci n'est qu'un exemple d'analyse. Il faudra pour chaque cas se poser de telles questions et y répondre au pendule. Une fois que l'on aura sélectionné une cause au comportement que l'on veut influencer, il faudra noter des noms de qualités que l'on croit susceptibles de détruire ou de compenser cette cause. Une fois cette liste établie, on choisira le mot-clé qui convient au pendule. Certains radiesthésistes donnent l'ordre au pendule "d'enlever un défaut". Si vous tenez à cette méthode, utilisez le mot-clé "enlever" et le "nom du défaut". Ceci dit, nous pensons qu'un défaut n'est que la compensation d'une faiblesse. Par exemple, la méchanceté n'est souvent qu'un moyen d'affirmer son existence. Il est donc selon nous plus logique, plus efficace, d'amplifier une qualité que d'enlever un défaut...

3. *UTILISATION DE LA PYRAMIDE COMME "MACHINE À SOUHAITS"*

a - Méthode de base :

La méthode est la même que pour la stimulation psychique ou pour le développement personnel. Ici cependant vous devez formuler un souhait. Prenons un exemple de souhait : vous voudriez trouver un travail stable. Votre premier travail est de formuler ce vœu comme s'il avait déja été accompli. Sur un carton, vous écrirez donc : **"j'ai trouvé un travail stable".**

Vous le placerez sous la pyramide orientée de façon que l'opérateur (vous) étant placé au Sud, il puisse lire le message (en supposant que la pyramide est transparente). Sous ce message, vous pouvez placer une photo, mais, si vous travaillez pour vous-même la photo n'est pas absolument nécessaire.

Vous procéderez à l'émission comme ci-dessus, mais vous la répéterez 3 fois de suite. Vous procéderez à l'émission 3 jours de suite, 7 jours de suite ou encore 21 jours de suite. Le mieux est de sélectionner cette durée au pendule.

En résumé :

1. Rédiger le message positivement.
2. Rechercher au pendule le nombre de jours pendant lequel vous devez répéter l'opération d'émission.
3. Orientez la pyramide (si ce n'est déja fait).
4. Placez le message sous la pyramide.
5. Procédez à l'émission en utilisant le mot-clé "émission" trois fois de suite.
6. Répétez l'opération durant autant de jours que vous l'a indiqué votre recherche au pendule.

b - Méthode élaborée :

Après avoir rédigé votre message, faites une recherche d'adéquation du témoin. Il se peut que le fait de transformer votre message en un **"témoin nombre"** donne un résultat plus rapide. Pour le savoir utilisez le pendule. De même, la durée des opérations peut varier. Faites une recherche de durée en utilisant la table donnée en appendice au présent ouvrage.

Les durées de 3, 7, 21 jours sont classiques en magie et liées au cycle lunaire. Votre vœu ne dépend pas forcément de ce cycle. Si une recherche de durée vous indique par exemple 10 ou 5 jours, c'est que cette durée **convient mieux à l'opération que vous entreprenez.**

c - Stimulez votre action avec les couleurs :

Nous ne sommes pas partisan de peindre l'intérieur de la pyramide d'une couleur donnée correspondant à une opération donnée. A moins évidemment que vous ne souhaitiez passer votre temps à peindre et repeindre la pyramide. Il est plus pratique et tout aussi efficace d'écrire le message ou le nombre du témoin sur un carton de la couleur adaptée. Si vous ne trouvez pas chez votre papetier de carton de la couleur choisie, vous pouvez aussi peindre un carton blanc avec de la gouache, ou mieux une encre de couleur.

Plutôt que d'utiliser la table des couleurs donnée en fin de cet ouvrage, procurez-vous auprès de votre papetier habituel un nuancier correspondant à une marque de carton quelconque. Il me semble que les papiers de couleur "Canson" comportent si on les achète en pochette un nuancier imprimé sur la pochette. Il y a là bien plus de 7 couleurs. Il vous suffira d'utiliser du carton de la couleur sélectionnée pour écrire votre témoin.

Les privilégiés qui disposent d'un ordinateur et d'une imprimante couleur ont une meilleure solution encore. Il faut utiliser un programme de dessin (par exemple paint box sous window) permettant le réglage de la palette de couleur. Toutes les couleurs utilisées sur ces machines sont définies par un mélange du rouge, du vert et du bleu, chacune de ces couleurs étant réglable de 0 à 255 (1).

Dessinez un carré sur l'écran. Sélectionnez une couleur (n'importe laquelle). Sélectionnez l'option "modifier la palette", puis la couleur du carré que vous avez dessiné. Sélectionnez par une recherche numérique la valeur de rouge, la valeur de vert, la valeur de bleu. Réglez la couleur du carré avec ces trois valeurs.

Ecrivez le "message" (ou le nombre). Imprimez le dessin. Découpez le carré obtenu, collez-le sur un carton de taille adaptée. Vous venez de sélectionner la meilleure couleur possible parmi 16 000 000 possibles, et votre témoin est exactement de la nuance voulue, car la recherche numérique s'applique non aux couleurs affichées à l'écran mais aux couleurs restituées par l'imprimante. Un conseil, si vous utilisez cette méthode pour

(1) Ce qui nous donne le choix entre 16 000 000 de nuances environ.

colorer le fond d'un témoin, utilisez-la également pour définir la couleur de l'écriture. C'est beaucoup plus précis que tout ce que nous pourrions vous proposer avec une table de couleurs. Notez que si sur votre ordinateur personnel les réglages de rouge, vert, bleu ne s'effectuent que de 0 à 7, vous avez déjà le choix entre 512 couleurs.

d - Le possible et l'impossible, le probable et l'improbable :

Une machine à souhaits. C'est merveilleux. On peut obtenir n'importe quoi. Soyons sérieux. Même dans l'invisible il existe **"le possible"** et **"l'impossible"**, le **"probable"** et **"l'improbable".**

Par exemple, si vous écrivez sur un témoin "je suis élu Président de la République"... **Il est probablement impossible que ce souhait se réalise** (il faudrait d'abord que vous réunissiez les conditions pour être candidat). Si même vous aviez réuni ces conditions vous ne modifieriez pas pour autant les opinions politiques de plusieurs millions de personnes en plaçant un carton sous une pyramide... Heureusement. Cet exemple vous montre que pour être exaucés vos souhaits doivent être **réalistes.**

De même si vous écrivez sur un carton "je gagne la super cagnotte du loto" vous formulez un souhait qui restera du domaine de l'improbable. **Vous ne gagnerez pas automatiquement la super cagnotte.** Une première évidence suffira à vous le faire comprendre, vous n'êtes pas le seul à tenter d'influencer la chance par des moyens occultes... En revanche, si vous êtes un joueur moyennement chanceux qui, gagnant régulièrement des petites sommes, équilibre à peu près ses mises et ses gains, vous pouvez donner un "coup de pouce" à la chance en écrivant sur un témoin **"mes mises au jeu sont rentables".** Il est probable qu'en renouvelant cette opération régulièrement vous gagnerez un peu plus souvent des sommes un peu plus importantes, ce qui n'est pas à négliger.

A l'inverse, si vous êtes un "perdant régulier" si vous faites partie de ceux qui ne se voient jamais rembourser leur mise, alors, laissez tomber. Le jeu n'est pas le seul moyen de gagner de l'argent et il n'est pas fait pour vous. Nous ne vous disons pas de cesser de jouer. La chance peut toujours vous favoriser d'un gros gain. Nous vous disons que vous avez peu de chance d'obtenir la réalisation de souhaits concernant le jeu. Concentrez vos efforts sur d'autres domaines : le travail, les affaires...

Retenez que votre pyramide se charge : plus vous aurez obtenu de réalisations de souhaits avec votre pyramide, et plus il vous sera facile d'en obtenir, plus elle sera "performante".

Notez que, peu importe que ces souhaits soient à votre bénéfice où à celui d'un autre, de toute façon un résultat obtenu **charge la pyramide, augmente votre potentiel personnel.** A l'inverse, vos échecs en ce domaine **déchargent votre pyramide et diminuent votre potentiel personnel.**

e - Le secret de la réussite :

De ces considérations sur le choix des souhaits il résulte que vous devez choisir vos souhaits avec soin, et, si possible commencer par des **souhaits de peu d'importance qui seront presque réalisés à coup sûr.** Moins vos souhaits sont importants, moins vous y êtes attachés (moins vous éprouvez l'angoisse d'un échec), plus vous avez de chances de réussite. Plus vous avez réussi, et plus vous avez de foi en la réussite. Plus vous avez foi en la réussite et plus vos opérations sont puissantes. **En un mot le succès attire la réussite.** Alors, avant d'utiliser la pyramide pour des choses vraiment importantes, constituez-vous un **capital de petites réussites sans importance.**

4. ACTION PONCTUELLE SUR UNE PERSONNE OU UN GROUPE DE PERSONNES :

Examen, compétition sportive, entretien d'embauche... vous pouvez venir en aide à vos proches ou à vos amis. Chaque individu, chaque groupe a ses défauts. Ces défauts se manifestent toujours avec plus de violence, dans les circonstances difficiles. Timidité, tendance à bégayer sous l'effet de l'énervement ou manque d'esprit d'équipe pour un groupe, sont souvent le "grain de sable" qui fait échouer là où l'on aurait dû réussir. En général ces défauts sont connus. Avec le pendule égyptien et la pyramide, on peut stimuler une qualité ou une réaction qui permettra d'éviter qu'ils se manifestent dans une circonstance précise. Prenons un exemple, Jean doit passer un examen mardi à 9 heures. Jean connaît bien son programme, il a des connaissances suffisantes pour réussir son examen, mais il est très émotif, très nerveux, et cela lui provoque des "trous de mémoire". Comment l'aider ?

Comment lui insuffler le calme qui lui permettra d'éviter le "trou de mémoire" ?

Il nous faut pour cela un témoin de Jean, par exemple une photo d'identité.

Nous allons procéder comme d'habitude :

1. Orienter notre pyramide.
2. Lancer le pendule égyptien en oscillation au-dessus de la pointe de la pyramide.

Il nous faut maintenant penser à la circonstance, à l'épreuve que va affronter Jean. Pensons à son examen, et prononçons le mot clé "calme" pour lancer l'émission. Le pendule va entrer en giration, lorsqu'il revient spontanément à l'oscillation, l'émission est terminée.

La seule difficulté de ce genre de travail, c'est de bien situer la circonstance, l'épreuve que va affronter notre sujet, qu'il s'agisse d'un groupe ou d'une personne. C'est cela le plus important, et pour le faire, il n'existe pas de technique. Il faut simplement **"avoir conscience de ce que représente émotionnellement cette épreuve pour le sujet".** En conséquence il sera plus facile à un ancien footballeur d'aider une équipe de foot, de volley ou de basket que de venir en aide à un boxeur. Si vous avez passé beaucoup d'examens et de concours, il vous sera aisé de vous "brancher" sur ce type d'épreuve. Nous ne prétendons pas que ce "vécu" est indispensable. Nous prétendons qu'il est une aide précieuse à votre prise de conscience... Quand vous aurez pratiqué plusieurs fois ce type d'influence à distance sur des personnes affrontant des choses que vous "connaissez", tentez de la pratiquer sur des personnes qui affrontent des épreuves ou des difficultés dont vous n'avez aucune expérience. Vous apprendrez rapidement à entrer en communion avec ces personnes, à imaginer ce que représente l'épreuve qu'ils doivent affronter. Si vous devez agir sur un groupe, il vous faut, à la place d'une photo, utiliser un témoin représentatif du groupe. La carte commerciale d'une entreprise, l'écusson ou le pins d'une équipe sportive conviendront parfaitement à cet usage. Evitez d'utiliser pour les groupes des "photos de groupe". Elles sont en général de très mauvais témoins, parce qu'elles émettent, sauf circonstances particulières, non pas l'onde du "groupe" mais celle des personnes qui le composent. Sachez qu'un témoin de groupe n'est **jamais une somme de témoins individuels.**

5. ACTION À COURT TERME SUR UNE SITUATION :

Nous allons pour vous expliquer ce type d'action à distance prendre un cas d'école. Monsieur X sait que les héritiers de la propriété appelée "les Camélias" vont la faire mettre en vente... Mais les choses traînent. Bien entendu, Monsieur X ne sait pas pourquoi cette mise en vente tarde tant. Les héritiers sont-ils en désaccord ? Les démarches administratives ont-elles été retardées ?... Tout cela est ignoré. Monsieur X est simplement un acheteur potentiel et il voudrait bien que la situation se débloque. Nous pouvons l'aider. Pour cela il nous faut un témoin de la propriété. Comme elle est très vaste, nous photographierons simplement la plaque sur laquelle est gravé le nom de la propriété.

Cette photo sera considérée non comme le témoin de la propriété, mais comme celui de la situation qui bloque sa mise en vente. Nous placerons cette photo sous la pyramide convenablement orientée, et, chaque jour, nous émettrons avec le pendule en utilisant le mot clé "débloquer". Nous ferons évidemment une recherche de temps pour savoir pendant combien de jours nous devrons effectuer cette émission. Notez que cette technique peut se révéler utile dans de nombreux cas de dossiers qui semblent bloqués par une administration, négociations qui traînent en longueur... **Le plus délicat reste le choix du témoin.** En cette matière faites appel à votre imagination, puis demandez au pendule de répondre à la question "le témoin que j'ai choisi convient-il pour agir sur cette affaire ? ". Cette recherche de radiesthésie mentale s'impose d'autant plus que, vous le constaterez souvent, le témoin le plus efficace n'est pas toujours celui qui vous a paru au départ le plus adapté.

6. LES AFFAIRES D'AFFECTION, D'ENTENTE, DE COLLABORATION :

Si on prononce le mot "retour d'affection", tout le monde ou presque pense "couple". Il est vrai que cette expression peut s'appliquer et s'applique en priorité aux couples, mais n'oublions pas qu'ils ne sont pas les seuls concernés. Une association professionnelle, une collaboration entre deux entreprises, peuvent tout aussi bien qu'un couple être brisées par une simple incompatibilité d'humeur, une incapacité à se comprendre, ou même une simple envie de changement, d'expérience nouvelle de la part de l'un des deux partenaires. Une association ou une collaboration ne sont pas seulement une histoire technique ou une histoire d'intérêts partagés, ce sont aussi des histoires d'entente, de compréhension mutuelle. Les techniques exposées ici s'appliquent donc aux couples parfois avec succès, mais aussi à toute association réunissant deux personnes ou deux groupes de personnes.

Nous avons écrit l'expression "retour d'affection". En fait, elle n'est pas appropriée, pas plus que celle d'éloignement pour décrire les techniques que nous allons exposer ici. Il s'agit bien plutôt **d'incitations puissantes à l'entente ou à la mésentente.** Il s'agit de favoriser l'une ou l'autre, mais non de créer l'une ou l'autre. Si un couple a **de sérieuses raisons de se séparer,** vous ne réparerez pas les pots cassés. Si un homme fuit sa conjointe ou une femme son conjoint parce qu'entre eux il existe un lourd contentieux ou parce que leur vie de couple ne répond plus à leur attente, vous ne les ferez pas revenir.

En revanche, si des relations de couple tendent à se détériorer à cause d'une incompréhension mutuelle croissante, ou d'une lassitude née de la vie quotidienne, les techniques que nous vous proposons ici se révèleront souvent un instrument puissant. Je ne sais plus qui disait *"l'amour, ce n'est pas de se regarder dans les yeux [ça c'est le désir], c'est de regarder ensemble dans la même direction"*. Les techniques que nous vous proposons ici servent à faire converger ou diverger les regards.

Pour toutes les applications qui suivent. Les témoins doivent être de préférence des photos d'identité.

Si vous ne disposez pas de photo, mais seulement de cheveux ou d'autres débris organiques, il faudra transférer les ondes des témoins sur des morceaux de carte de visite. Il en est de même si les deux témoins ne sont pas de même taille.

Les deux témoins doivent être de dimension identique. Ils doivent être posés verticalement sur la base de la pyramide. La pyramide doit mesurer au maximum 3 fois la hauteur des témoins et au minimum deux fois et demi la hauteur des témoins.

Voyez au point "j" (P. 130) la façon de résoudre ces difficultés.

a) Technique de rapprochement, méthode de base :

Pour expliquer cette technique nous allons prendre l'exemple d'un couple, mais elle peut tout aussi bien s'appliquer à deux associés ou à deux entreprises. Simplement pour deux entreprises, on remplacera les photos qui servent de témoin par des cartes commerciales.

1. Prenez une photo de chaque personne.
2. Placez ces photos face contre face, (s'il s'agit d'un homme et d'une femme).

   Percez les photos toutes deux ensemble de 5 épingles dans le sens homme-femme. (Voir page 126).
3. Percez les deux photos ensemble dans le sens femme - homme de 4 épingles. Notez que les épingles doivent être plantées bien parallèles. Ecartez légèrement les deux photos de façon que l'ensemble puisse tenir debout.
4. Orientez la pyramide.
5. Placez les photos sous la pyramide en orientant les épingles parallèlement à la direction Nord-Sud (Nord-Sud correspondant au Nord-Sud que vous avez adopté pour orienter votre pyramide).
6. Lancez le pendule en oscillation, et déclenchez l'émission en utilisant le mot clé "émission", tout simplement.

Répétez cette opération chaque jour, pendant toute la période que vous aura indiquée une recherche de temps (Voyez l'appendice recherches de temps).

b- Technique d'éloignement, méthode de base :

La technique est exactement la même, mais, au lieu d'orienter les épingles Nord - Sud, il faut les orienter Est - Ouest et placer les photos dos à dos.

c- Adaptation de ces techniques à une relation entre hommes :

Dans le cas d'une relation non sexuelle, amitié, collaboration de travail etc..., on procède de la même façon, mais il faut planter 5 épingles dans chaque photo.

S'il s'agit d'une relation de couple homosexuel, tout se complique. Il va falloir que l'opérateur évalue au pendule la polarité relative des deux individus en cause. **Et nous disons bien d'évaluer au pendule.**

Ce que peut vous raconter l'une des deux personnes en cause n'a ici aucune valeur. Inutile de solliciter des confidences intimes, ce n'est pas seulement à ce niveau que se joue la polarité du couple. Le couple se compose forcément d'un individu émetteur et d'un individu récepteur. Enfin... l'un est légèrement plus émetteur et l'autre légèrement plus récepteur. Le mieux est d'évaluer avec une règle quelconque le caractère émetteur des deux personnes concernées.

On considérera comme polarité mâle du couple celui des deux individus qui fera réagir le pendule sur la plus haute graduation de la règle.

Dans sa photo on plantera cinq épingles, dans celle de l'autre on n'en plantera que quatre.

DISPOSITION DES PHOTOS SOUS PYRAMIDES

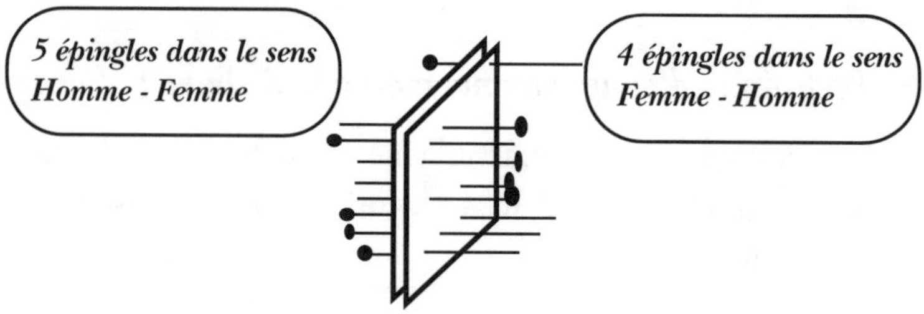

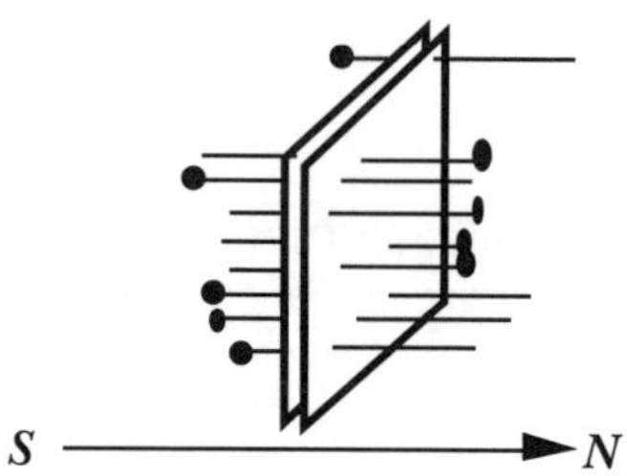

Orientation pour un rapprochement.

Orientation pour un éloignement.
(remarquez les photos dos à dos)

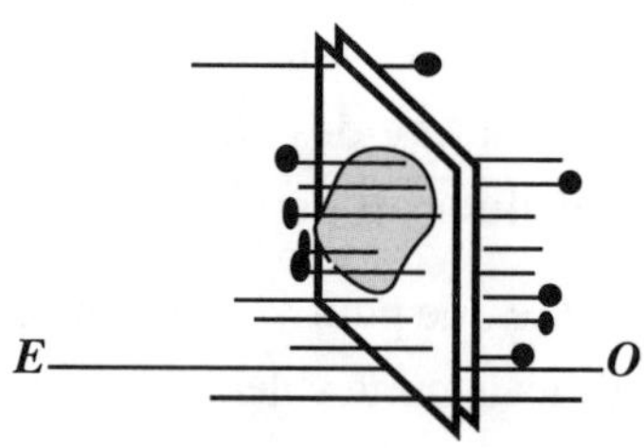

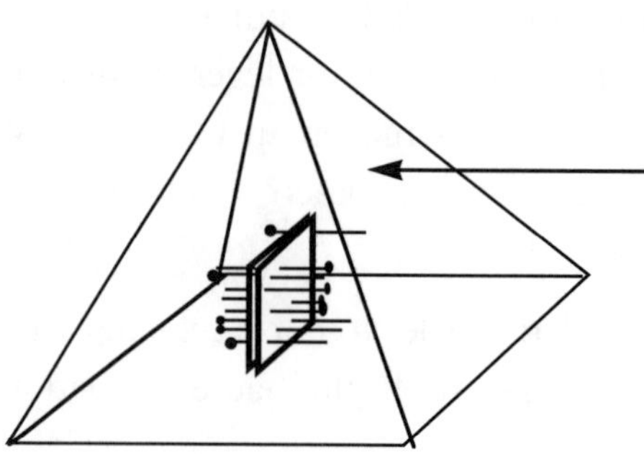

Les témoins ne doivent pas dépasser le 1/3 de la hauteur.

d- adaptation de ces techniques à une relation entre femmes :

S'il s'agit d'une relation non sexuelle, on plantera huit épingles (quatre dans chaque sens).

S'il s'agit d'une relation homosexuelle, là encore les choses se compliquent. Dans un couple homosexuel féminin il peut ou non exister une polarité. La chose est à tester au pendule.

Si cette polarité n'existe pas, vous procéderez comme pour une relation non sexuelle entre femmes.

Si cette polarité existe, alors il faut la rechercher et procéder comme dans le cas d'un couple homosexuel masculin.

e- Adaptation de ces techniques à une relation individu-groupe :

Dans une relation individu - groupe, l'individu seul jouant un rôle par rapport à l'ensemble du groupe, même s'il s'agit d'une femme et d'un groupe exclusivement masculin, est considéré comme mâle. Par exemple un professeur femme est mâle par rapport au groupe que constituent les élèves d'une classe, même si dans cette classe il n'y a que des garçons.

A l'inverse, l'individu ne jouant pas un rôle particulier dans le groupe est femelle. Par exemple, l'adhérent de base est considéré comme femelle par rapport à l'association à laquelle il adhère.

f- Adaptation de ces techniques à une relation d'affaires : (exemple d'entreprise à entreprise)

La relation entreprise - entreprise doit être traitée comme un couple homosexuel féminin. Généralement la relation s'établit entre une entreprise **donneuse d'ordre** (mâle) et une entreprise **qui facture ses services** (femelle).

Ceci c'est le principe, dans la réalité il peut ne pas exister de polarité et il se peut même que la polarité soit inversée. Donc **la recherche au pendule s'impose.**

g - Adaptation de ces techniques à une relation de type politique :

Nous appelons "relation de type politique" toute relation où les bases de collaboration sont "idéologiques" ou "idéalistes" avant d'être économiques. Par exemple la collaboration entre le "comité des fêtes" et "l'association des artistes locaux" a certes des implications économiques, mais elle peut bien avoir avant tout un caractère politique. **Chaque fois qu'il existe un doute sur le caractère purement économique d'une relation entre deux groupes, il faudra décider au pendule si cette relation est "économique" ou "politique".**

Une relation **politique** se traite comme une relation homosexuelle masculine parce qu'elle est forcément polarisée.

h - Technique d'éloignement orientée :

La technique de base d'éloignement influence également les deux parties. La technique d'éloignement orientée permet de n'en influencer qu'une seule. Tous les points énoncés ci-dessus **(b, c, d, e, f, g)** s'appliquent à la technique de l'éloignement orienté. On peut utiliser cette technique par exemple pour éloigner une personne d'une secte considérée comme dangereuse.

Soit A et B les deux partis, B devant s'éloigner de A.

On prend la photo de A et on la recouvre de la photo de B (le dos de la photo de B est donc sur la face de la photo de A).

On plantera les épingles dans le sens A > B.

Si A est mâle on plantera 5 épingles.

Si A est femelle on plantera 4 épingles.

Reste maintenant à savoir comment nous allons orienter nos épingles sous la pyramide.

DEUX CAS SONT POSSIBLES :

Il existe un lien établi entre A et B, par exemple A fréquente déjà la secte B. Dans ce cas, les pointes des épingles seront tournées vers l'Est.

Il n'existe pas de lien établi entre A et B, mais A et B vont forcément être en contact. Dans ce cas les pointes des épingles seront tournées vers l'Ouest.

i - Technique de rapprochement orientée :

On procédera comme pour la technique d'éloignement orienté, les pointes des épingles étant toujours dirigées vers le Nord.

A PROPOS DES ÉPINGLES

Pour ces actions à distance sur des relations, nous utilisons des épingles. **En fait on pourrait utiliser bien d'autres objets, mais il se trouve que les épingles sont l'objet le plus courant qui réponde à nos exigences.**

Il faut que nos deux photos puissent tenir verticalement sous la pyramide.

Il faut également qu'elles soient reliées par des objets orientés. On pourrait donc remplacer les épingles par exemple par des cure-dents en bois. Cela obligerait à rechercher la polarité de chaque cure-dent au pendule avant de l'utiliser. Les épingles, avec une boule à un bout et une pointe à l'autre sont naturellement polarisées, et leur polarité est immédiatement visible.

Une précaution s'impose, les épingles que vous utilisez pour ce genre de travaux doivent être tenues à l'abri des aimants.

Utilisez donc, de préférence à des épingles en acier, des épingles en laiton chromé.

Si vous avez placé un paquet d'épingles en acier près d'un aimant, sachez que la polarité magnétique résultant de cette magnétisation l'emporte sur la polarité de forme.

Si vous constatez que vos épingles sont aimantées passez les une heure à four chaud (200º) ; laissez les refroidir avant de les utiliser. La chaleur démagnétise l'acier.

j - Le problème des témoins :

Dans ce domaine vos témoins peuvent être très différents les uns des autres. Si les dimensions ou la nature des témoins ne conviennent pas au travail à entreprendre il faut faire un "transfert d'ondes". D'après notre expérience, le mieux est de transférer l'onde de chaque témoin sur une carte en créant des **témoins nombres.**

Vous disposez de deux témoins de nature différente (appelons les "A" et "B"). Vous devrez effectuer exactement le même travail sur A et B, même si A ou B conviennent pour les opérations ci-dessus.

Autrement dit, si vous devez créer un témoin virtuel pour A, il faudra obligatoirement en créer un pour B.

1. Placez le témoin A devant vous sur une table.
2. Lancez le pendule égyptien en oscillation au dessus de A.
3. Prononcez le mot clé **"imprégnation".**
4. Procédez à une recherche de nombre.

5. Inscrivez le nombre trouvé sur un morceau de carte de visite de taille adaptée.
6. Prononcez le mot clé **"neutre".**
7. Dynamisez le témoin nombre soit au décagone, soit au pendule.
8. Prononcez le mot clé **"neutre".**

Points 9 à 16 : réalisez le même travail pour le témoin B.

Nous avons mis en doute la validité des témoins mots (et même des témoins nombres) représentant des personnes, mais il s'agissait de témoins réalisés en raison du "défaut de témoins concrets".

Ici les choses sont bien différentes. Il s'agit de réaliser deux témoins nombres à partir de deux témoins concrets.

D'ailleurs, vous pouvez vous dispenser de l'astuce du sérum physiologique. Dans ce cas, il n'apporterait rien à l'efficacité de votre témoin.

En réalité, votre travail revient à transférer les ondes de deux témoins concrets inadaptés au travail que vous désirez entreprendre sur deux témoins abstraits de forme et de dimension adaptée.

k- Les autres problèmes de relations :

Le problème dans une association ou un couple, n'est pas toujours de provoquer un rapprochement ou un éloignement. Il arrive que les choses soient plus subtiles, qu'une association ou un couple aient par exemple besoin d'une dynamique qui le (ou la) pousse dans une direction donnée. Si les techniques ci-dessus ont échouées, ou si au cours de l'étude de cas faite au pendule, vous avez établi qu'elles ne sont pas efficaces, songez à celles que nous vous proposons maintenant.

Nous allons agir sur une relation exactement comme nous agissons sur un individu pour le traiter avec des ondes de formes. Pour cela nous allons utiliser le plateau de 36 secteurs, ainsi qu'un "pion" destiné à sélectionner le secteur d'émission.

Nous préparerons les témoins comme pour un rapprochement, en nous assurant que les deux témoins respectent les contraintes propres à ce type de travail.

Sur une feuille de papier blanc nous rédigerons avec soin l'objectif à atteindre. Par exemple dynamiser une association ou une collaboration, la rendre plus performante, plus active, voire plus inventive, plus créatrice. Il faudra que cette formulation soit très claire sur le papier, ce qui nous montrera qu'elle est très claire dans notre tête.

Attention : vous ne devez fixer qu'un seul objectif.

Ensuite, nous lirons plusieurs fois ce texte pour nous en imprégner mentalement.

Enfin, nous rechercherons sur le plateau à 36 cases à quel endroit nous devons placer le "pion" de sélection. Notons soigneusement le n° du secteur sur lequel nous devons poser le "pion".

Ensuite nous orienterons le plateau, placerons les témoins au centre du plateau en orientant les épingles dans la direction Nord-Sud (Nord-Sud magnétique ou Nord-Sud de forme suivant les conditions de travail) et nous recouvrirons le tout avec la pyramide.

Nous procéderons à l'émission comme d'habitude en utilisant le mot-clé "émission". Ce travail sera effectué une fois par jour pendant le nombre de jours indiqué par une "recherche de temps".

CHAPITRE SEPT

LES DIFFÉRENTES SORTES DE PYRAMIDES

La pyramide classique, **la seule utilisable pour les travaux du point quatre,** est une pyramide creuse ayant approximativement les dimensions de celle décrite ci-dessous (pyramide standard). Nous donnons à la fin de ce chapitre les renseignements nécessaires pour réaliser une pyramide de n'importe quelle taille. Vous pouvez désirer utiliser des pyramides plus grandes que la pyramide de taille standard. Pour certains travaux, en particulier ceux utilisant des plateaux, il est plus confortable pour l'opérateur d'utiliser des pyramides plus petites.

1. *RÉALISER SOI-MÊME UNE PYRAMIDE STANDARD :*

Vous pouvez la réaliser vous-même avec du carton ou de la carte à gratter (produits en vente chez tous les marchands de matériel de dessin). Evitez d'utiliser pour cette réalisation des cartons d'emballage, les impressions qu'ils comportent peuvent modifier les qualités de votre pyramide.

Pour construire une pyramide de taille raisonnable il vous faut une plaque de carton dans laquelle vous pourrez découper une bande de 19, 2 cm sur 59, 5 cm. Il vous faut également un rouleau de papier gommé pour assembler la pyramide. Tracez votre

FABRICATION D'UNE PYRAMIDE

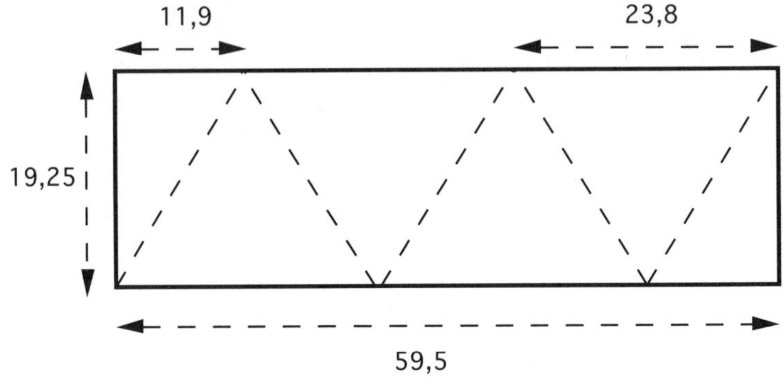

Découpez suivant les pointillés pour obtenir les quatre faces de votre pyramide standard.

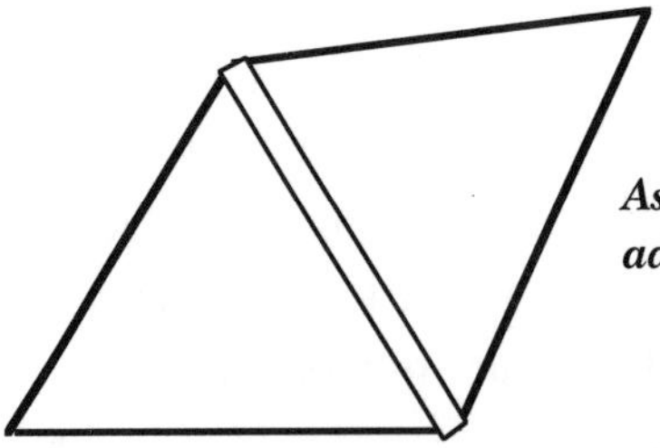

Assemblez la pyramide avec du ruban adhésif ou du papier gommé.

Le support intérieur au 1/3 de la hauteur.

Demi coupe de la pyramide montée.

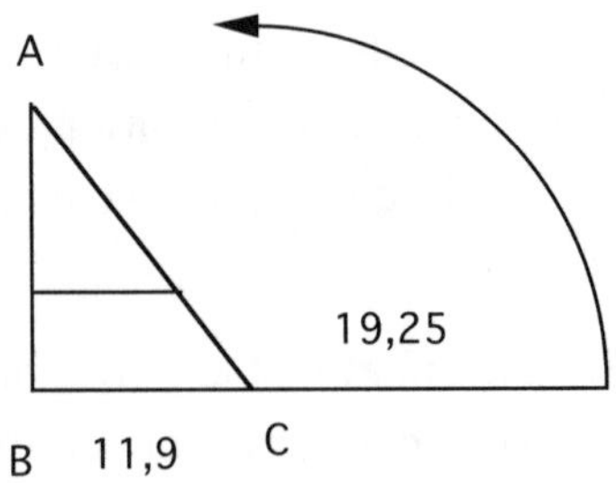

Votre pyramide mesure 15 cm de hauteur.
La hauteur du support interne est donc de 5 cm.
Sa largeur est de 11,9 x 4/3 soit : 15,8 cm.

SUPPORT INTERNE AU 1/3 DE LA HAUTEUR

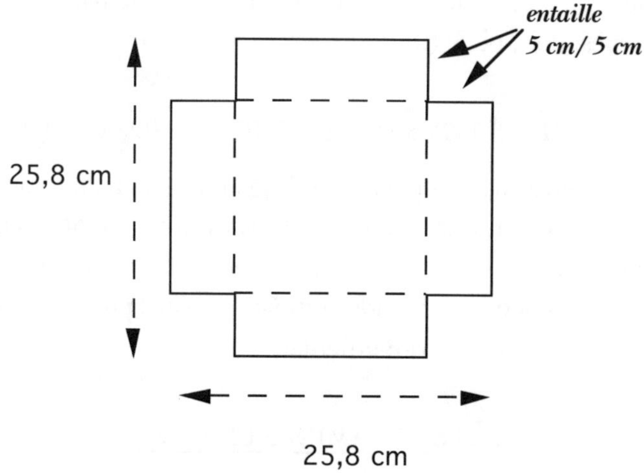

Plier selon les pointillés, fixer le pliage avec du ruban adhésif.

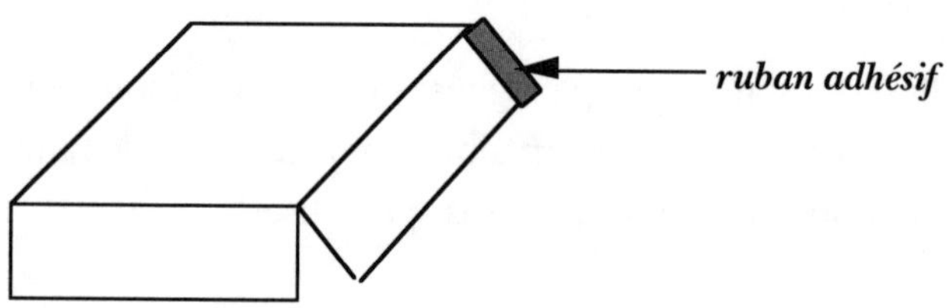

planche de carton selon le schéma 1, puis assemblez les quatre triangles de carton ainsi obtenus pour former votre pyramide.

Vous pouvez trouver dans les magasins spécialisés des pyramides de cette taille en divers matériaux, principalement carton, grès, bois, plexiglas.

2. *LES AUTRES TYPES DE PYRAMIDES UTILISABLES :*

On trouve de nombreux types de pyramides dans le commerce. Pour les applications médicales et le développement des facultés personnelles, il est souvent pratique d'utiliser des pyramides plus petites que la pyramide standard. Toutes présentent leurs avantages et leurs inconvénients.

LES PYRAMIDES EN GRÈS

(creuses ou pleines)

Ces pyramides sont quelque fois trop petites pour que l'on puisse les utiliser avec des témoins d'une taille supérieure à celle d'une photo d'identité.

Elles sont souvent trop exiguës pour que ce témoin puisse être placé au tiers de la hauteur, néanmoins il en existe de tailles assez grandes dans quelques magasins spécialisés.

■ ***Qualités :***

Elles compensent en partie ce défaut, en émettant un rayonnement puissant. Elles sont par leur dimension et leur puissance idéales pour les opérations où l'on utilise les plateaux et les pions.

■ ***Inconvénient :***

Elles sont, comparativement à leur taille, lourdes et fragiles.

LES PYRAMIDES EN CRISTAL

(toujours pleines)

Ces pyramides sont souvent considérées par les radiesthésistes comme des gadgets décoratifs... Néanmoins, leur petite taille les rend pratiques pour les travaux de développement personnel.

Il vaut mieux placer sous leur base comme témoin un morceau de papier de la taille d'un confetti imprégné de salive ou de transpiration (la photo d'identité est trop grande). Avec le même genre de témoins on peut les utiliser pour des applications médicales.

Il suffit de construire un plateau et de fabriquer un pion de taille adaptée.

Le cristal leur apporte une puissance de rayonnement sans rapport avec leur taille.

En principe, elles comportent à la base une petite chambre rectangulaire ou carrée permettant de placer de menus objets. Les témoins les mieux adaptés à leur utilisation ne dépassent pas les dimensions de cette chambre.

■ ***Qualité :***

Ces pyramides sont idéales pour le radiesthésiste voyageur qui ne désire pas interrompre ses travaux.

■ ***Inconvénient :***

Comme elles supportent mal les chocs elles doivent être très soigneusement emballées. Si un seul sommet est cassé ou ébréché, votre pyramide est inutilisable.

LES PYRAMIDES "CARCASSE"

Les pyramides carcasse sont fabriquées à l'aide de tiges de métal reliées entres elles par des pièces de matière plastique souple.

Elles seraient un instrument presque parfait si on pouvait leur associer des plateaux. Malheureusement, lorsqu'on leur associe un plateau de quelque type qu'il soit, les travaux semblent ne pas donner les résultats attendus. **Sous ce type de pyramide, n'utilisez jamais de support pour poser un témoin au 1/3 de la hauteur (1).**

En revanche, pour tous les travaux où des témoins sont placés verticalement, ce type de pyramide donne d'excellents résultats. Avantages : solides, faciles à démonter, à transporter. Inconvénients : pas d'applications avec plateau.

LES PYRAMIDES EN ARGILE NATURELLE CUITE

On trouve depuis peu dans le commerce des pyramides en argile naturelle cuite. Elles se révèlent, associées au pendule égyptien en argile, des instruments d'émission tout à fait fiables. Elles existent en deux tailles - avec une base de 10, 5 cm ou une base de 18 cm. Il semble qu'elles soient particulièrement faciles à utiliser pour ceux qui ne maitrisent pas la radiesthésie, et que les propriétés de l'argile (matériau naturellement émetteur) accentuent les propriétés émettrices de la forme pyramidale... Ceci dit, un bon radiesthésiste obtient évidemment avec cette pyramide de meilleurs résultats qu'un débutant.

(1) Il existe des pyramides de ce type comportant un support au tiers de la hauteur, comme une sorte de plancher suspendu. Nous ne les avons pas testées. Ceci dit, quand ce type de pyramide ne comporte pas de support, le fait d'y introduire un objet volumineux pour servir de support à un témoin en perturbe le fonctionnement.

LES PYRAMIDES EN ACAJOU

Une pyramide en acajou présente l'avantage de la solidité. Elle offre par ailleurs les mêmes propriétés que toute autre pyramide.

Ceci dit, le fait d'utiliser une pyramide fabriquée dans un bois précieux comme l'acajou peut avoir sur l'opérateur un effet psychologique qui n'est pas à négliger. Par ailleurs, vis-à-vis d'éventuels consultants, l'utilisation d'une pyramide en acajou donne un "côté pro" qui n'est pas à négliger.

LES PYRAMIDES EN VERRE

Le grand avantage du verre, c'est sa transparence. Ces pyramides sont surtout utilisées pour les expériences de "momification" ou de "vitalisation" de produits divers.

Sur le plan radionique, elles présentent les mêmes propriétés que les pyramides fabriquées à partir d'autres matières.

LES PYRAMIDES EN MATIÈRE PLASTIQUE TRANSPARENTE

Ces pyramides présentent les mêmes particularités que les pyramides en verre. Elles ont l'avantage d'être vendues avec un socle, ce qui facilite les travaux préliminaires d'orientation.

LES PYRAMIDES DYNAMISÉES

Il existe des pyramides "dynamisées" par des aimants. Elles ont les mêmes propriétés que les autres pyramides, mais "fonctionnent" dans des lieux où la plupart des autres modèles ne manifestent pas leurs propriétés habituelles. En effet, les aimants, situés à la pointe de la pyramide l'un au nord et l'autre au sud, renforcent "l'émission propre de la pyramide", la rendant moins

LA PYRAMIDE DYNAMISÉE PAR DES AIMANTS

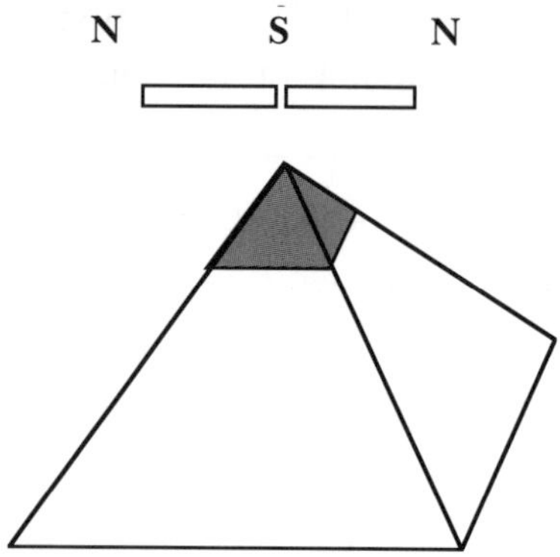

Les aimants sont disposés au sommet de la pyramide en "opposition de phase". Ceci donne une stabilité exemplaire aux émissions de la pyramide, surtout dans une ambiance perturbée en ondes de formes. En revanche, cette disposition ne permet en aucun cas d'orienter la pyramide en fonction des aimants qu'elle contient. Les aimants sont disposés dans la zone grisée.

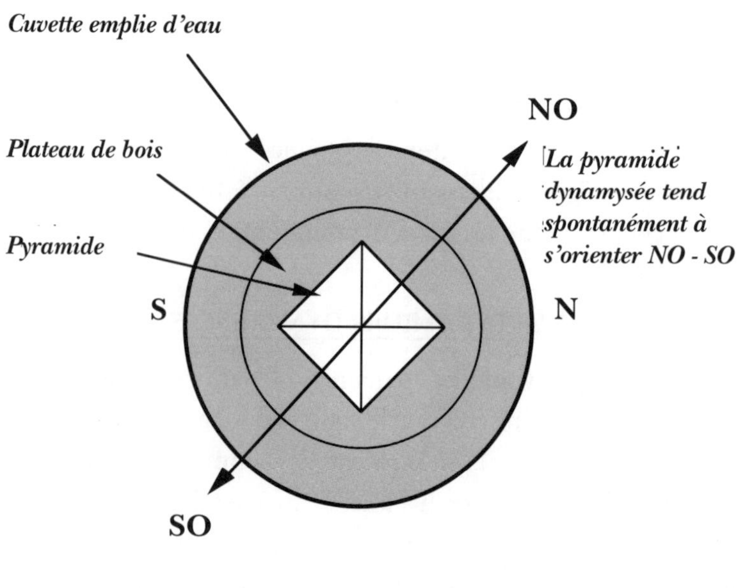

PYRAMIDE DYNAMISÉE (2)

a) Les forces magnétiques résultant de la conjugaison des champs magnétiques des aimants et du champ magnétique terrestre tendent à la faire pivoter.

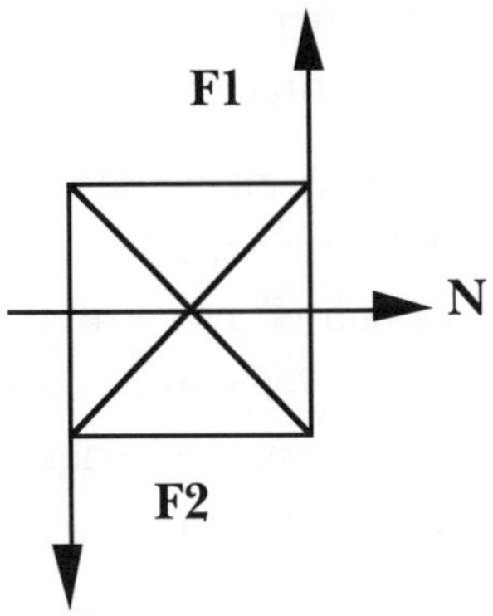

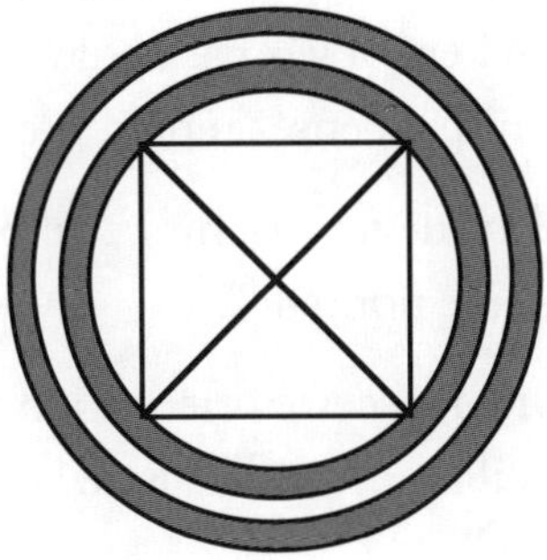

L'existence de ces deux forces magnétiques (F1 et F2) engendre la création d'un espace enveloppant la pyramide, dans lequel les perturbations locales n'interviennent pas.

dépendante de l'environnement. Ce modèle sera particulièrement adapté à votre cas si vous travaillez dans un immeuble comportant de nombreuses structures métalliques ou de nombreux appareils électroniques.

Même dans un endroit où le Nord magnétique est dévié et où le Nord de forme est instable on peut parvenir avec ce type de pyramide à obtenir de bons résultats. En revanche, leur orientation demande une opération supplémentaire.

En effet, les deux aimants qu'elles contiennent donnent à ces pyramides une orientation propre. Elles peuvent donc se trouver **"en phase"** ou en **"opposition de phase"** avec l'environnement. (Bien entendu les termes "phase" et "opposition de phase" sont ici employés par analogie avec la physique classique mais ne sont pas censés représenter une réalité du même ordre).

Vous devez orienter d'abord votre pyramide "comme une pyramide normale".

Une fois cette orientation réalisée, il faut lancer le pendule en oscillation au-dessus de la pyramide et prononcer le mot-clé **"phase"**.

Si le pendule n'entre pas en giration dans le sens des aiguilles d'une montre, c'est que votre orientation doit être rectifiée. Plusieurs cas sont possibles :

- soit il faut dévier légèrement l'orientation,

- soit il faut faire pivoter la pyramide de 90º,

- soit il faut la faire pivoter de 180º.

Si la pyramide n'est pas en phase avec l'environnement, on prononcera d'abord le mot clé "inverser". Si le pendule réagit positivement à ce mot clé, on retournera simplement la pyramide. Si le pendule ne réagit pas on prononcera le mot clé **"sens des aiguilles d'une montre ?"**

Si le pendule réagit on en concluera qu'il faut faire pivoter la pyramide dans le sens des aiguilles d'une montre. S'il ne réagit pas, on en concluera qu'il faut la faire pivoter en sens inverse.

On s'interrogera ensuite sur l'amplitude de cette rotation. On utilisera donc (après avoir relancé le pendule en oscillation) le mot clé **"90 º"** ou plus simplement **"90"**.

Si le pendule réagit positivement, on fera pivoter la pyramide de 90º dans le sens préalablement déterminé. S'il ne réagit pas, il faudra alors procéder par tâtonnement en imprimant à la pyramide des mouvements infimes dans le sens voulu.

Pendant cette opération on maintiendra le pendule au dessus de la pointe de la pyramide.

Il suffit parfois de moins d'un degré de rotation dans un sens ou dans l'autre pour faire réagir le pendule. Lorsque le pendule réagit, votre pyramide est **"en phase avec l'environnement".**

Les pyramides dynamisées comportent près de leur pointe deux aimants dont les pôles N sont tournés vers l'extérieur.

On a donc deux faces Nord opposées et deux faces Sud opposées. De ce fait, si vous placez une telle pyramide sur un plateau flottant sur l'eau, elle s'orientera spontanément NO - SE.

Ces aimants produisent donc une "dépolarisation locale" du magnétisme terrestre, et créent une "onde" de compensation qui varie suivant l'ambiance magnétique du lieu où elles sont placées.

DES PYRAMIDES DE TOUTES TAILLES

Vous pouvez avoir besoin de pyramides plus grandes ou plus petites que "la pyramide standard" ou les pyramides du commerce. Voici tous les renseignements qu'il vous faut pour les construire.

PROPORTIONS DE LA PYRAMIDE

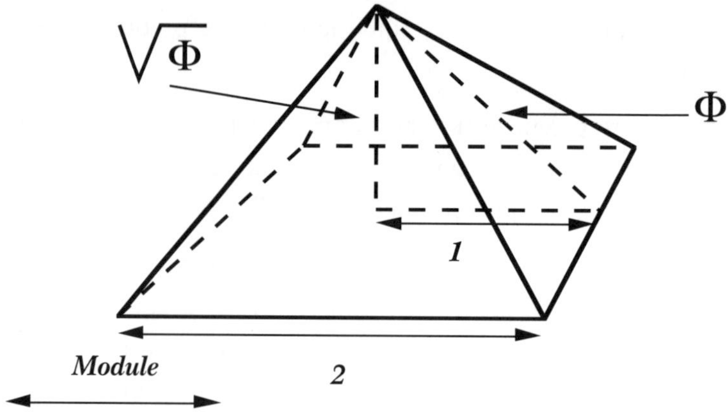

Quelle que soit la mesure en cm (en pieds, en m, en pouces) du module il est toujours considéré comme égal à 1.
La Base est donc toujours égale à deux.
La hauteur de la pyramide est toujours égale à 1, 272.
La hauteur d'une face de la pyramide est égale à 1,618, valeur du nombre phi ou nombre d'or.
Donc soit à construire une pyramide de 15 cm de hauteur :
Le module est égal à 15/1,272 = 11,792.
La base à 23,584 cm.
La hauteur d'une face à : 11,792 x 2 = 23,584 cm.

LA PYRAMIDE

Les dimensions de la pyramide de Khéops sont les suivantes. Nous donnons ces dimensions en module,

Base d'une face B = 2.

Hauteur d'une face Hf = 1, 618 (le nombre d'or).

Hauteur de la pyramide Hp = 1, 272 (Racine carrée du nombre d'or).

Si vous devez fabriquer une pyramide dont vous avez calculé une dimension en centimètres (d), vous connaîtrez la valeur du module en divisant d par sa mesure en module.

Par exemple, il vous faut une pyramide dont le côté de la base est de d = 50 cm.

La taille du module (M) est d / B -> 50 / 2 = 25 cm

DONC

La hauteur d'une face est Hf x M -> 1, 618 x 25 = 44, 5 cm.

A l'inverse, si vous vouliez construire une pyramide dont la **hauteur (Hp)** serait égale à 50 cm, vous effectueriez le calcul suivant :

Calcul du module M = d / Hp -> 50 / 1, 272 = 39, 3 cm

Donc la base mesure B x M -> 2 x 39, 3 = 78, 6 cm

La hauteur de chaque face Hf x M = 1, 618 x 39, 3 = 6, 3102

Ces renseignements vous permettent donc de construire une pyramide précise en connaissant une seule dimension, la base ou la hauteur.

CHAPITRE HUIT

UTILISATION DU CADRAN ZODIACAL

Avertissement à propos de ce chapitre

Les utilisations que nous proposons ici du cadran zodiacal tel que nous l'avons rectifié au chapitre 4, exigent de l'opérateur des connaissances précises en matière de cosmographie et d'astrologie. Lorsque le cadran zodiacal est convenablement orienté, que les témoins planétaires sont correctement placés, il arrive que les procédés décrits ci-dessous obtiennent des résultats **spectaculaires.**

Une erreur dans la disposition des témoins planétaires peut avoir des effets indésirables tout aussi spectaculaires.

L'utilisation des procédés ci-dessous est donc réservée aux radiesthésistes amateurs ou professionnels ayant par ailleurs une parfaite maîtrise de l'astrologie et plus particulièrement de la technique de prévision des événements à l'aide des transits planétaires.

C'est en effet en simulant des transits planétaires avec des témoins métalliques que nous allons agir à distance sur nos sujets pour les protéger ou provoquer en eux le développement de certaines qualités.

1. Matériel nécessaire :

Vous devez disposer du cadran zodiacal dont on aura peint soigneusement les cases correspondant aux signes des couleurs que nous indiquons. Il vous faut également un cache circulaire portant le dessin d'un carré pour placer la pyramide.

Enfin, vous devez fabriquer 9 témoins nombres représentant le Soleil, la Lune, et les 7 planètes à partir des métaux correspondants. Ces témoins nombres seront enfermés dans des tubes de verre du genre de ceux qui contiennent les doses en homéopathie.

a - Elaboration des témoins nombres :

Pour élaborer les témoins nombres, on ne procédera pas à une recherche de nombres. On utilisera simplement le nombre atomique du métal correspondant à une planète. Ce nombre sera inscrit sur un petit carré de papier blanc. Le témoin nombre ainsi obtenu sera vitalisé au pendule ou au décagone.

Le carré de papier sera ensuite roulé puis introduit dans le tube de verre. Notez que tous les morceaux de papier doivent être de même dimension, et que tous les tubes doivent être identiques.

Sur chaque tube on collera une étiquette portant le symbole correspondant à la planète. Les tubes de "doses homéopathiques" vides peuvent être remplacés si vous le désirez par les boîtes de matière plastique contenant les doses de safran en poudre. Si on choisit cette dernière solution, on collera l'étiquette portant le symbole de la planète sur le couvercle de la boite.

VOICI LA LISTE DES TÉMOINS À RÉALISER

Planète	Métal	Nº atomique
Lune	Argent	47
Mercure	Mercure	80
Vénus	Cuivre	29
Mars	Fer	26
Jupiter	Etain	50
Saturne	Plomb	82
Uranus	Uranium	92
Neptune	Neptunium	93
Pluton	Plutonium	94

Nous savons que certains lecteurs s'inquièteront de voir ici utiliser des témoins d'éléments radioactifs. Qu'ils se rassurent ces témoins ne "rayonnent pas sur le même plan que les métaux qu'ils représentent". Ils ne peuvent être en aucun cas dangereux pour l'opérateur.

b- Montage du cadran :

Il faut percer le centre du cadran zodiacal et celui du support de la pyramide. Ces deux feuilles de papier à dessin ou de carton seront fixées par ce trou à la table servant de support avec une punaise la plus plate possible.

2. PRÉPARATION D'UNE ACTION PONCTUELLE :

Pour agir sur une personne en utilisant ce procédé, il vous faut disposer de sa carte du ciel. Et il vous faut **savoir la lire et l'interpréter.** Il vous faut également disposer **d'éphémérides astrologiques pour pouvoir orienter votre cadran astrologique.** Vous devez également disposer si possible d'un traité de l'heure dans le monde. N'insistons pas, les opérateurs qui utiliseront cette technique sont censés savoir parfaitement calculer un thème astrologique.

a- Orientation du cadran :

Vous orienterez votre cadran astrologique pour Midi le jour de l'action (parce que c'est plus simple), et vous effectuerez votre action à distance à **Midi heure solaire locale (1).**

Le signe zodiacal où se trouve le soleil ce jour là sera donc placé plein Sud... **Plein Sud** magnétique ou **Plein Sud** de forme suivant vos conditions habituelles de travail. **Si vous pouviez placer le degré du signe où se trouve le soleil ce jour là plein Sud, ce serait encore mieux.** Orientez votre cadran à l'avance vous devrez commencer votre action à distance à midi (heure solaire locale) moins deux minutes, et vous n'avez que **4 minutes pour agir.** Vous allez maintenant disposer vos témoins planétaires dans les signes, en fonction de l'effet que vous désirez obtenir. Par exemple, si votre sujet subit en ce moment un carré de Saturne au Soleil, vous pouvez tenter de **compenser en partie les effets de ce carré en disposant le témoin Vénus en trigone à la position du Soleil natal du sujet.** Tous les autres témoins planétaires étant disposés dans leur position céleste actuelle. Evidemment, ceci n'est qu'une indication. Rien ne vous interdit en théorie de déplacer plusieurs planètes. On

(1) A midi le degré du zodiaque où se trouve le soleil est placé plein Sud; à minuit il est plaçé plein Nord.

aurait pu par exemple associer au trigone "Vénus soleil natal" un "sextile Jupiter, Jupiter natal". Néanmoins, il ne faut pas oublier que plus vous déplacerez de planètes, plus votre action deviendra complexe, et plus votre système cadran-pyramide deviendra instable.

Bien entendu, si nous vous avons conseillé d'agir à midi ou à minuit (1) heure locale, c'est uniquement pour vous simplifier les calculs. En réalité vous pouvez agir par ce moyen à n'importe quelle heure du jour ou de la nuit à condition, bien entendu d'avoir réalisé les calculs nécessaires. "L'impulsion" cosmique que vous donnez par ce moyen dure 24 heures. Dans tous les cas, n'oubliez pas de calculer la position de la Lune à l'heure de votre action.

Par ailleurs, les "habitués" des livres de Jean-Luc Caradeau remarqueront que pour une fois nous utilisons le zodiaque tropique. Qu'ils ne voient pas là une contradiction. Le plateau zodiacal n'émet pas "les ondes des signes du zodiaque".

Ce n'est qu'un repère d'orientation, et, tout le raisonnement présidant à la disposition des témoins actifs (ceux qui ne se trouvent pas à leur position céleste) repose sur les aspects planétaires (les distances angulaires des planètes entre elles).

Nous n'avons donc pas besoin dans ce cas particulier du zodiaque sidéral.

b- Emission :

Placez le témoin sous la pyramide. C'est de préférence une photo, on placera les cheveux vers le Nord, par rapport au cou.

Procédez à l'émission comme pour les autres techniques associant la pyramide et le pendule égyptien.

(1) A midi le degré du zodiaque où se trouve le soleil est placé plein Sud; à minuit il est placé plein Nord.

c- Dans quels cas devez-vous utiliser cette méthode ?

Cette méthode est destinée à amoindrir les effets d'un transit en rapport avec une action précise. Voici quelques exemples :

Monsieur X a actuellement un transit de Mars carré à Mercure. En raison de ses occupations professionnelles il va devoir prendre un certain nombre de risques physiques malgré ce transit favorisant les accidents. On pourra tenter de compenser en partie ces risques d'accident en faisant agir le témoin soit de Vénus, soit de Jupiter suivant le thème de Monsieur X.

Monsieur Y doit aujourd'hui s'adresser à un nombreux public.

Malheureusement, Saturne est en conjonction avec sa Lune natale, ce qui risque de le rendre impopulaire, de nuire à ses capacités de communication. Pour l'aider, on peut placer par exemple le témoin Lune en sextile à Vénus natale ou à Mercure natal.

Nous pensons que ces exemples suffiront à faire comprendre aux opérateurs qui maîtrisent l'astrologie comment on peut dans de nombreux cas utiliser cette méthode. Je leur laisse imaginer les applications psychologiques, événementielles, médicales de cette méthode.

3. ACTION EN PROFONDEUR :

Nous abordons ici un mode d'action plus délicat encore que le précédent. Tout astrologue sait que certaines périodes de la vie sont cruciales pour l'évolution d'un sujet. C'est au moment de ces périodes cruciales qu'il faudra recourir à la méthode d'action en profondeur.

a- Orientation du plateau :

Cette fois-ci on orientera le plateau non plus en fonction du ciel local mais en fonction du milieu du ciel du sujet.

On disposera les 9 témoins planétaires dans les positions qu'ils occupent sur le thème natal.

On fabriquera un (ou plusieurs) témoins planétaires supplémentaires, et on les disposera sur le plateau astral de façon qu'ils compensent l'action négative de certains aspects du thème natal.

b- Emission :

On fera une recherche de durée pour savoir durant combien de temps il faut agir pour obtenir le résultat recherché. Ensuite, on opérera chaque jour selon la procédure habituelle.

c- Types de cas à traiter :

Tout astrologue sait que par exemple, le transit d'Uranus sur Uranus natal marque dans la vie un tournant important. Il serait mal venu de compenser un transit de cette importance pour l'évolution de l'individu.

En revanche, si ce transit active un aspect particulièrement dur - par exemple un carré natal Uranus Mars - il peut être utile de compenser ce carré durant une certaine période... Cela peut permettre par exemple d'éviter qu'un changement de vie soit ressenti trop douloureusement.

Pour ces deux procédés, la Pyramide et le témoin restent toujours orientés **Nord-Sud** de forme ou **Nord-Sud** magnétique suivant vos conditions de travail.

Pour ceux qui ne maîtrisent pas le raisonnement sur les aspects planétaires, nous avons prévu une planche de recherche au pendule. Voyez l'appendice en fin de livre.

ORIENTATION DU ZODIAQUE EN FONCTION D'UN HOROSCOPE

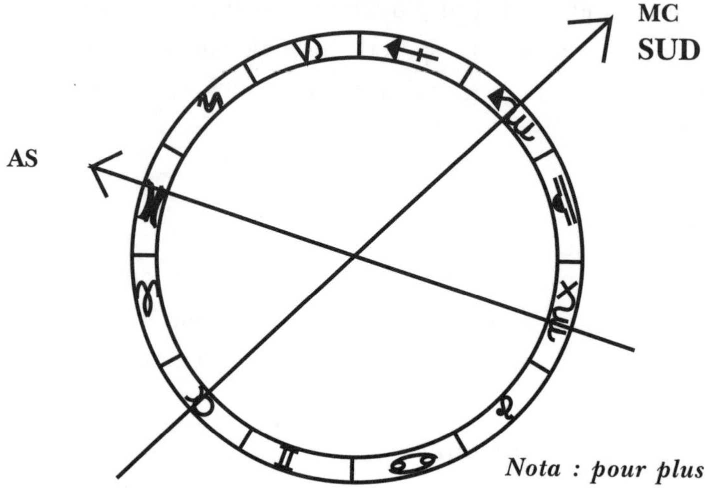

Nota : pour plus de clarté nous n'avons pas représenté les planètes.

La figure ci-dessus représente une carte du ciel. Le point du zodiaque marqué MC est celui qu'un observateur situé au lieu et au moment de la naissance du sujet aurait pu observer en regardant plein Sud.

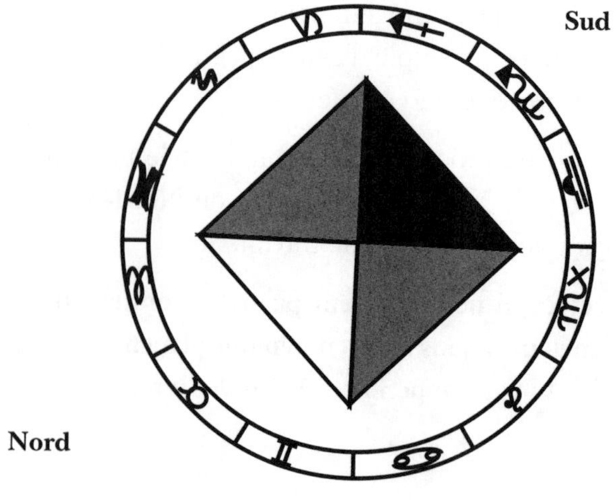

CHAPITRE NEUF

EMISSIONS QUANTIFIÉES AVEC RÈGLES ET SECTEURS

Nous avons déjà utilisé des règles pour les travaux d'émission utilisant la pyramide et des plateaux comportant divers secteurs.

Mais les règles peuvent être également utilisées seules. C'est un moyen pratique et rapide pour envoyer une onde d'un type quelconque à un individu en fonction de son problème.

1. LES RÈGLES ET LES SECTEURS :

Une règle, c'est une bande graduée. Un secteur, c'est un morceau de cercle gradué. Votre règle plate d'écolier et votre rapporteur sont ici tout aussi utilisables que les règles mises au point par différents radiesthésistes.

Nous ne prétendons pas que les règles que certains se sont donné tant de mal à mettre au point ne servent à rien.

Elles ont toutes leurs qualités propres, et elles en ont une en commun, celle d'avoir été créées pour être utilisées par des radiesthésistes, et par conséquent d'avoir des **graduations nettes facilement lisibles.** Ceux des lecteurs qui s'essaieront à appliquer les techniques que nous allons exposer avec un vieux réglet de mécanicien bien rouillé comprendront immédiatement ce que nous entendons par là.

En fait une règle n'est rien d'autre qu'une convention mentale matérialisée par une graduation. Il en est de même d'un secteur.

Que l'espace entre les graduations soit régulier ou non, ou encore qu'il croisse de façon logarithmique, peu importe, cela ne changera rien aux résultats obtenus par le praticien utilisant la règle.

N'importe quelle règle peut donc s'associer au pendule égyptien.

2. *QUE FAUT-IL POUR UTILISER UNE RÈGLE ?*

Il vous faut une règle bien sûr. Choisissez-la avec des graduations bien marquées. Pour l'utilisation que nous allons en faire mieux vaut utiliser un double décimètre en matière plastique colorée avec des graduations imprécises qu'une règle destinée à un dessinateur dont les graduations sont certes très précises, mais aussi très fines et donc peu visibles. Si vous préférez utiliser un secteur, prenez un rapporteur semi-circulaire ou circulaire en observant le même critère. **Ce qui compte pour vous c'est la lisibilité des graduations.**

Il vous faut également une antenne. Un crayon conviendra. Si vous ne voulez pas crayonner involontairement votre règle, utilisez un stylo à bille vide. Si vous êtes un esthète, vous pouvez aussi utiliser une tige quelconque taillée en pointe. L'antenne n'a qu'une utilité : “pointer une graduation”.

Votre doigt ferait aussi bien, mais il est moins pointu donc moins pratique pour cet usage. Avec ces deux instruments et votre pendule égyptien ou un des autres pendules cités dans cet ouvrage, vous pouvez agir sur un grand nombre de cas.

3. MÉTHODE GÉNÉRALE D'ACTION À DISTANCE AVEC UNE RÈGLE :

Prenons l'exemple d'une action à distance en vue d'une guérison. Monsieur X est malade. Nous disposons d'un témoin le représentant.

Lançons notre pendule au-dessus du témoin en oscillation et prononçons le mot clé **"imprégnation".** Notre pendule entre en giration en sens inverse des aiguilles d'une montre. Lorsqu'il revient à l'oscillation il est imprégné de "l'onde du témoin".

Prenons notre règle, et promenons notre antenne sur les graduations après avoir prononcé le mot clé **"combien"**. A un moment donné notre pendule va entrer en giration dans le sens des aiguilles d'une montre. C'est la syntonisation. Ce terme technique de radiesthésie signifie simplement que la graduation sur laquelle nous pointons est significative de la question posée ou du sujet qui nous préoccupe.

Notons le nombre correspondant à la graduation qui a fait entrer le pendule en giration.

Prononçons le mot clé **"neutre"**. Notre pendule revient à l'oscillation. Plaçons le témoin de Monsieur X sous le pendule, prononçons le mot clé **"émission"**. Le pendule entre en giration. Il faut maintenant compter les tours, le pendule devant girer le nombre de fois indiqué par la graduation. Cette opération répétée chaque jour constituera le traitement de Monsieur X.

On peut, bien évidemment par le même procédé, charger un verre d'eau, ou tout autre produit en respectant les règles que nous avons données au chapitre concernant cette technique.

C'est le verre d'eau pris chaque jour ou une seule fois, (cela dépend du problème traité) qui constituera le traitement de Monsieur X. Avec un secteur, par exemple un rapporteur d'écolier, on aurait procédé exactement de la même façon.

4. UTILISATION DES RÈGLES ET SECTEURS EN RECHERCHE RADIESTHÉSIQUE.

Une règle ou un secteur peuvent être utilisés en recherche. On les utilise essentiellement pour mesurer l'état de santé d'une personne, d'un animal, d'une plante, d'un terrain etc…

Supposons que nous utilisions un double décimètre en guise de règle.

Décidons que la graduation 10 correspond à l'état de vitalité moyen. Un homme en bonne santé a 10; un homme en "super forme" qui maîtrise les techniques d'énergie se rapproche de 20… Un mourant se rapproche de 0.

Vous pouvez, à partir d'un témoin, évaluer avec une telle règle l'état d'énergie de n'importe qui.

Vous devez ensuite évaluer une terre à blé. Qu'à cela ne tienne, décidez que la graduation 10 de la règle correspond au rendement moyen des terres à blé dans la région et procédez comme pour une personne.

CHAPITRE DIX

PRATIQUES DIVERSES UTILISANT LE PENDULE ÉGYPTIEN

En dehors des techniques purement radiesthésiques, le pendule égyptien peut être utilisé à de nombreux usages. Nous allons en explorer quelques-uns dans les pages qui suivent.

1. *DYNAMISATION DE LETTRES :*

Vous venez d'écrire une lettre destinée à solliciter une faveur, un poste, à proposer une vente.

Votre missive est peut-être bien tournée, claire, parfaite du point de vue de la présentation, ce n'est pas pour autant qu'elle retiendra forcément l'attention de votre correspondant.

Mettez toutes les chances de votre côté, dynamisez votre lettre avec votre pendule égyptien.

Placez la lettre devant vous avant de la mettre sous enveloppe. Lancez votre pendule en oscillation au-dessus de la lettre. Prononcez le mot clé "Emission".

Votre pendule entre en giration. Lorsqu'il revient à l'oscillation, la dynamisation est terminée.

Votre lettre à une chance de plus de retenir l'attention de votre correspondant.

C'est très efficace, mais il y a des limites à tout. Par exemple cela ne vous **permettra pas de vendre par correspondance un produit médiocre au-dessus du prix du marché.** En revanche, si ce que vous proposez dans la lettre est intéressant, **cela peut décider du succès de votre démarche.**

Votre lettre retiendra l'attention, mais si votre proposition est sans intérêt ou si c'est une tentative d'escroquerie, il n'est pas dit que cette attention se traduise par une acceptation... Elle peut même inciter votre correspondant à déposer une plainte pour tentative d'escroquerie.

2. *SOUVENEZ-VOUS DE MOI :*

Ce procédé intéressera particulièrement les commerciaux qui se heurtent à une forte concurrence interne. Combien de fois n'ont-il pas démarché un client pour le voir ensuite s'adresser à l'entreprise en ayant oublié leur nom !

Combien de commissions ont-il perdu de cette façon ! Voici le moyen d'attacher le souvenir de votre personne aux cartes commerciales, aux prospectus, à tous les papiers, objets, dossiers que vous laissez aux clients potentiels que vous démarchez.

Placez devant vous votre photo.

Lancez votre pendule en oscillation.

Prononcez le mot clé "imprégnation". Votre pendule entre en giration dans le sens inverse des aiguilles d'une montre, quand il revient à l'oscillation il est imprégné de l'onde de votre photo.

Placez sous le pendule les documents que vous voulez imprégner et prononcez le mot clé "émission". Le pendule entre en giration dans le sens des aiguilles d'une montre et imprègne maintenant les documents de vos ondes personnelles.

3. LE PENDULE ÉGYPTIEN ET LA SALLE D'ATTENTE :

Vous exercez une profession qui vous amène à recevoir des clients, et ceux-ci, avant de vous rencontrer, passent un certain temps dans une salle d'attente. Imprégnez donc les revues que vous laissez à leur disposition, s'ils ne sont pas absolument mécontents de vos services ils penseront à faire à nouveau appel à vous.

4. LE PENDULE ÉGYPTIEN ET LA SÉDUCTION :

Nous avons connu un radiesthésiste doublé d'un coureur de jupons impénitent. Il habitait la campagne, et son terrain de chasse était évidemment les petits bals du samedi soir. Il prenait grand soin d'orner la poche de son veston d'un petit mouchoir bordé de dentelle soigneusement plié et amidonné. Lorsqu'il souhaitait revoir sa cavalière dans la semaine, il s'arrangeait pour lui faire accepter en cadeau cette jolie pochette qu'il avait auparavant soigneusement imprégnée de son image avec sa photo et son pendule. D'après ce qu'il nous en a conté, ce procédé faisait merveille. Nous avouons ne pas l'avoir testé, mais pourquoi pas ?

5. LE PENDULE ÉGYPTIEN ET LE SPORT :

Il y a quelques années un certain Gérard Becharq, que les journalistes appelèrent le sorcier du Gers, eut les honneurs de la presse. Dans le but de démontrer ses pouvoirs, cet homme s'amusait à perturber des sportifs, à les faire perdre quand d'après lui ils étaient sur le point de gagner. Il prétendait avoir ainsi fait perdre l'équipe de France de football en demi finale du Mundial.

La photo du journal le montrait faisant girer un pendule égyptien au-dessus d'une photo de l'équipe de France. Ne nous demandez pas de quel journal il s'agit. Cette photo est reproduite dans l'ouvrage de B. G. Condé "Les outils de Pharaon ou l'avenir du passé" mais l'auteur ne cite pas ses sources. Gérard Becharq a-t-il réellement "fait perdre l'équipe de France" comme il le prétend ? Rien n'est moins sûr, et nous laissons aux spécialistes du football le soin d'évaluer le réalisme de cette affirmation. Pour notre part, son action constitue simplement un cas d'exemple intéressant. Que fait-il ? Il pense qu'il veut affaiblir tel sportif ou telle équipe, et il fait tourner son pendule égyptien sur la photo du sportif ou de l'équipe. Dans des compétitions de haut niveau, où finalement les adversaires sont pratiquement à égalité technique, et où tout se joue souvent sur des impondérables, nous pensons qu'une telle technique peut faire pencher la balance d'un côté ou d'un autre. Si vous avez des amis sportifs vous pouvez donc essayer de les aider de cette façon. Un conseil cependant : travaillez sur le sportif ou l'équipe que vous voulez aider à gagner. Pour l'adversaire le résultat est le même, mais c'est meilleur pour votre karma. Par ailleurs, utilisez plutôt pour influencer une équipe son fanion ou son écusson que la photo des joueurs.

6. *AMULETTES ET GRIS-GRIS :*

Amulettes, gris-gris, pantacles, nécessitent pour être opératifs une consécration. On peut, mais c'est tout de même moins efficace, remplacer cette consécration par une dynamisation avec le pendule égyptien et la pyramide. Il faut orienter la pyramide, placer sous la pyramide la photo de la personne qui portera le pantacle, recouvrir cette photo du pantacle, lancer le pendule en oscillation au dessus de la pyramide et prononcer le mot clé **"dynamisation"**. Le pendule entre en giration dans le sens des aiguilles d'une montre, la dynamisation est terminée quand il revient au mouvement d'oscillation. Par ce moyen, on peut dynamiser presque tous les pantacles, et plus particulièrement les pantacles planétaires.

7. CRISTAUX ET PENDULE ÉGYPTIEN :

On peut utiliser le pendule égyptien pour programmer les cristaux. La méthode est simple : on sélectionne les mots correspondant aux concepts que l'on veut imprimer au cristal. On place ensuite le cristal devant soi, et on fait tourner le pendule en émission au-dessus de la pointe du cristal. Choisissez pour programmer un cristal de cette façon des concepts simples : "guérison", "voyance", "sommeil", "énergie"...

Un cristal programmé avec le mot clé "guérison" aura des effets sur de nombreuses affections. Un cristal programmé avec le mot clé "sommeil", placé sur votre table de nuit, vous aidera à lutter contre l'insomnie.

Un cristal programmé avec le mot clé "énergie" pourra vous aider à magnétiser ou vous recharger en énergie après une séance de magnétisme.

Pour en savoir plus, référez-vous aux divers ouvrages sur les cristaux. La plupart du temps (pas toujours) les diverses méthodes d'imprégnation ou de programmation des cristaux qu'ils proposent peuvent être remplacées par l'association "mot-clé"-pendule égyptien.

8. PRATIQUE DU DÉSENVOÛTEMENT :

Nombreux sont les radiesthésistes qui utilisent le pendule égyptien généralement associé à une règle pour opérer à des "désenvoûtements". Cette méthode est loin d'avoir la puissance des rites de "désenvoûtement" classiques en magie. Néanmoins, elle peut permettre d'enlever de "petits maléfices" ou de soulager temporairement une personne des symptômes d'un maléfice plus important. Essayez d'éviter d'employer le mot "désenvoûtement", c'est un mot impropre pour désigner le travail que vous accomplissez. Envoûtement signifie "action sur une personne" (un objet, un animal...) à travers son image et vient du vieux français "voût" ou "volt" dont le sens est figure, image. Chaque fois que vous utilisez une photo comme témoin vous faites un envoûtement, même s'il s'agit d'un envoûtement de guérison.

On devrait, on doit parler de désensorcellement. D'ailleurs il est impossible avec un moyen aussi simple que le pendule égyptien d'enlever le maléfice résultant d'un véritable "envoûtement maléfique". Voici la description du procédé de désensorcellement avec le pendule égyptien et une règle.

Supposons que vous utilisez comme règle un double décimètre.

Décidez que la graduation 10 correspond à une personne saine. De 0 à 10 la personne est maléficiée. De 10 à 20 elle est bénéficiée, c'est-à-dire qu'elle bénéficie de protections exceptionnelles sur le plan occulte. (Le bénéfice en magie c'est le contraire du maléfice).

Faites une recherche sur la règle. Vous trouvez par exemple que le sujet "vibre à 5".

Vous le désensorcellerez en lançant au dessus du témoin (ou de la tête du sujet s'il est présent) le pendule égyptien en oscillation. Utilisez le mot clé "absorber". Le pendule entre en giration dans le sens inverse des aiguilles d'une montre. Il doit faire dans notre cas 5 girations pour dégager le sujet.

Prononcez le mot clé "neutre" pour vider le pendule des ondes maléfiques qu'il vient d'absorber.

Prononcez le mot clé "émission", et faites effectuer au pendule 5 girations dans le sens des aiguilles d'une montre pour rendre au sujet ce que vous lui avez enlevé sous forme d'énergie "négative" en énergie "positive".

Pour éviter au cours de la première phase du travail d'être contaminé par le maléfice, nous vous conseillons de porter un pantacle, ou, mieux encore puisque vous travaillez avec un pendule égyptien, une amulette Ouadj.

9. L'AMULETTE OUADJ :

Cette opération n'est possible que si vous possédez un pendule égyptien en pierre verte.

Nous avons établi au début de ce livre que le pendule égyptien est identique à l'amulette Ouadj. Cette amulette dans l'ancienne Egypte protégeait le mort durant le long voyage qu'il accomplissait avant d'atteindre le lieu du jugement.

Elle protégeait également les vivants du mauvais sort, des accidents, des maladies.

a- Consécration de l'amulette Ouadj :

Rituel de consécration de l'amulette Ouadj d'après le Livre des Morts des anciens Egyptiens, chapitre 159.

"Mon père, frère de ma mère Isis, toi qui m'a défié, regarde moi, je suis l'un des déliés qui voit Geb".

"Je suis Osiris, Horus et Set prennent ma main, et mon père Ré veille sur moi".

Imposer les mains sur la colonnette Ouadj (le pendule en pierre verte).

"O toi qui sors aujourd'hui de la maison du neter, voix de la Grande déesse qui l'enveloppe à l'entrée de la double demeure.(1)

Elle a pris possession du pouvoir magique de son père, ce notable, qui est le taureau de la jeune fille; ceux qui font partie de sa suite reçoivent une fois les uns une fois les autres".

(1) Celui qui sort de la maison du neter est soit un mort - soit un vivant suivant que l'invocation est prononcée dans le monde des morts ou le monde des vivants. (Les uns et les autres "naissent" en criant). Ce cri est la voix de la grande Déesse.

Ainsi parle Osiris.

Prendre la colonnette Ouadj dans les mains réunies en coupe et l'élever à la hauteur de la gorge. Dire :

"Je suis la colonnette Ouadj de felspath vert non desséché qu'élève la main de Toth".

Faire glisser le pendule dans la main droite, laisser tomber la main gauche et élever la main droite jusqu'à la hauteur des yeux.

"Elle abomine le dommage, quand elle est indemne, je suis indemne, quand elle est sans dommage, je suis sans dommage, quand elle est sans blessure, je suis sans blessure. Ce qu'a dit Toth est ce qui noue mon dos".

On prend le pendule dans la main gauche, pointe dirigée à l'opposé de la racine du pouce, on ferme le poing gauche en gardant le pouce étendu, on dirige le pouce vers le ciel en conservant l'avant bras dans le prolongement de l'épaule. On dit :

"Sois le bien venu, Grand d'Héliopolis, Grand qui habite Pe".

Un temps de silence.

"Chou était allé vers lui, et il le trouva à Chenmou en ce sien nom de felspath vert Nechmet qui avait repris sa place auprès du Grand Dieu, et Atoum fut satisfait de son œil. Mes membres ne seront pas désséchés".

On se passe l'amulette au cou.

Ne nous étonnons pas des obscurités de ce texte, comme beaucoup de rituels il est truffé de jeux de mots. Pe est un autre nom d'Héliopolis, Le "Grand d'Héliopolis" est originellement un attribut de Ré souvent utilisé pour Osiris. La double demeure est une allusion à l'attribut d'Osiris "Celui qui demeure dans la maison de Serket". Serket est la déesse scorpion qui domine la respiration. Elle guérit les morsures venimeuses par ses paroles magiques. Celui qui est “enveloppé de la parole de Serket ne peut être piqué ni par le scorpion, ni par le serpent”. C'est la patronne des “médecins magiciens”. Son père est le taureau Apis.

- “Le taureau de la jeune fille”, la jeune fille est Isis... Mais, sous l'aspect d'Apis, Osiris est une divinité qui rend des oracles, donc ceux de sa suite (les devins) reçoivent une fois les uns (les vivants) une fois les autres (les morts). En consacrant l'amulette Ouadj on se consacre donc soi-même comme “médecin magicien” et devin. C'est ce que confirme la suite du rituel.

L'opérateur s'identifie à l'amulette Ouadj, et donc à l'œil d'Horus, de Ré, d'Osiris, d'Atoum (Ouadj est selon les textes attribué en tant qu'œil à toutes ces divinités). Elle est élevée par la main de Toth (dieu des écritures et des paroles magiques). L'opérateur affirme que les tendons qui relient ses vertèbres entres elles sont les paroles de Thot. La phrase suivante crée le lien entre la colonnette Ouadj et l'opérateur (quand elle est indemne...). Suit une invocation à Osiris (le grand d'Héliopolis). Enfin vient la conclusion avec l'évocation de Chou (dieu de l'air et du soleil brillant) qui possède également un aspect maléfique. L'un des rôles du médecin magicien est de conjurer les poisons de Chou. La ville de Chenmou est mythique. Les spécialistes des hiéroglyphes prétendent qu'il y a là un jeu de mot entre Chenmou et Nechmet.

b- Port de l'amulette Ouadj :

L'amulette ou colonnette Ouadj se porte pendue au cou une fois consacrée selon ce rituel. Il est particulièrement conseillé de la porter lorsque l'on effectue des travaux ou des soins avec le pendule égyptien. Elle contribue à préserver l'opérateur de toute forme de contagion. Evidemment une fois consacrée, elle devient un objet strictement personnel.

CONCLUSION DE LA PREMIÈRE PARTIE

Avec ce mode d'emploi nous avons offert au lecteur un panorama des techniques, des procédés qui permet de mettre en œuvre le pendule égyptien. Il ne vous reste qu'à appliquer vos connaissances.

Encore faut-il pour cela que vous sachiez quand appliquer telle ou telle technique. Pour choisir un procédé ou une technique il existe une démarche précise, c'est la démarche radiesthésique. Autant la première partie de ce livre est technique, autant la seconde partie est explicative. Elle vous explique le pourquoi et le comment de toutes nos affirmations de la première partie. Ne la croyez pas inutile, c'est elle qui vous permettra de mettre en œuvre efficacement les techniques de la première partie.

SECONDE PARTIE : LA DÉMARCHE RADIESTHÉSIQUE

Introduction à la seconde partie

Ce n'est pas parce que l'on sait comment planter un clou, tailler une mortaise, placer une cheville, que l'on est capable d'accomplir le travail du menuisier ou du charpentier. Pour apprendre à accomplir l'un de ces gestes il faut quelques heures au plus; pour former un charpentier ou un menuisier il faut plusieurs années. Ce que vous devez apprendre maintenant, c'est à avoir une vision globale du travail radiesthésique tel que l'on peut le pratiquer avec un pendule égyptien comme le charpentier qualifié a une vision globale de la charpente sur laquelle il œuvre, comme le menuisier a une vision globale de ce qu'est le meuble ou l'huisserie qu'il construit. C'est l'acquisition de cette vision globale qui vous permettra d'atteindre à l'efficacité.

Chapitre Un

Vision radiesthésique

Que peut-on imaginer de plus simple que la radiesthésie ? Un homme tient à la main une baguette ou un pendule, il pose une question, la baguette ou le pendule fournit une réponse. Jusqu'aux alentours du 18e siècle cet art s'appelait Rhabdomancie. La grande majorité des rhabdomanciens pensaient qu'un esprit (un ange ou un démon suivant leurs opinions philosophiques) hantait la baguette ou le pendule et répondait à leurs questions. Cette opinion partagée d'ailleurs par les prêtres avait un caractère superstitieux.

Au XVIIIe siècle, le magnétisme et l'électricité statique entrent dans le monde des sciences. Enfin, la science physique trouve des énergies invisibles. C'est avec le même esprit de merveilleux, la même crédulité, que les rhabdomanciens (qui à partir du 19e siècle vont s'appeler radiesthésistes) expliquent les résultats qu'ils obtiennent à partir des phénomènes magnétiques et électrostatiques. Cette démarche va se prolonger jusqu'aux environ des années 1980. De nombreux radiesthésistes, dont certains étaient (sont encore) des scientifiques de haut niveau, vont expliquer les phénomènes radiesthésiques à partir des données de la physique. On passera de l'électricité et du magnétisme aux ondes hertziennes, puis aux phénomènes de radioactivité pour en arriver dans les années 1980 à la physique quantique. De la crédulité religieuse, on passa donc insensiblement à la crédulité scientiste. Les radiesthésistes voulaient absolument faire entrer leur art dans un cadre explicatif et quantifiable.

Tous au cours de cette démarche se heurtèrent à un élément incontestable en radiesthésie : "l'influence de l'observateur sur les résultats de l'expérience". C'est un fait, les "ondes radiesthésiques" se conforment au cours de l'expérimentation aux hypothèses théoriques de l'expérimentateur. Il en résulte qu'aujourd'hui la littérature radiesthésique comporte un grand nombre de livres traitant des "ondes".

Dans chacun de ces ouvrages on trouve des descriptions du comportement de ces ondes, des tableaux statistiques, des tableaux de fréquences et de longueurs d'onde. Certains expérimentateurs ont fait preuve d'une grande rigueur et, en les lisant, en les étudiant car leurs ouvrages sont souvent complexes, parfois indigestes, on peut penser qu'ils ont découvert la clé qui permettra d'expliquer enfin scientifiquement le phénomène radiesthésique. C'est une illusion. Si l'on se donne la peine de confronter plusieurs de ces ouvrages, on s'aperçoit qu'en physique classique les résultats obtenus par l'un invalideraient ceux obtenus par l'autre.

Quand l'un a pensé que les ondes radiesthésiques étaient de la nature des "ondes hertziennes", elles se sont conduites à peu près comme des ondes hertziennes. Quand l'autre a pensé qu'elles étaient proches des phénomènes quantiques elles se sont conduites à peu près comme des phénomènes quantiques... Nous nous souvenons d'un ouvrage fort intéressant d'ailleurs "Radiesthésie et émissions de formes" de J. Pagot.

L'auteur, scientifique de haut niveau, s'élève dans son introduction contre les tentatives d'explication mécaniste de la radiesthésie... pour finalement tomber dans le même travers qu'il reproche à ses prédécesseurs. Dans l'un de ses chapitres, il propose une liste des propriétés des "e. d. f." (émissions dues aux formes, c'est ainsi qu'il appelle les "ondes de formes"). La 12è propriété est la suivante :

"Les e. d. f. sont influencées par la pensée qui peut soit les créer, soit les annuler, l'opération dépense beaucoup d'énergie nerveuse"...

C'est certainement là la propriété la plus remarquable parmi toutes celles qu'il accorde aux ondes de formes... Malheureusement, elle rend pratiquement inutiles ses 20 autres propositions.

Ajoutons que s'il avait été moins soucieux d'éloigner la radiesthésie de "la magie et de la sorcellerie", il aurait attaché bien plus d'importance à cette douzième propriété. Il se serait aperçu alors que non seulement les "ondes de formes", mais toutes les "ondes radiesthésiques" subissent l'influence de la pensée.

Celle-ci peut :

- les créer,

- les annuler,

- en modifier les propriétés,

- les différencier et leur attribuer une identité.

Quant à son observation : "l'opération dépense beaucoup d'énergie nerveuse", elle n'est vraie que quand l'opérateur veut consciemment créer, annuler ou modifier les propriétés d'une onde radiesthésique. Et encore, même dans ce cas, elle cesse d'être vraie si l'opérateur dispose d'une technique de concentration adaptée (celle que nous exposons dans la première partie de cet ouvrage par exemple).

En fait, nous sommes avec l'histoire de la radiesthésie en présence d'une illusion sémantique et historique. Cette illusion commence avec la création du mot "radiesthésie" lui-même qui signifie sensibilité aux radiations. Du jour où le mot "radiations" fut adopté par la science pour décrire certains phénomènes corpusculaires (la radioactivité par exemple), il était inévitable qu'on assimile mentalement les "radiations" que détectait le radiesthésiste à celles découvertes par la science.

Comme leurs propriétés sont influençables par la pensée de l'expérimentateur, il était inévitable également qu'elles confirment les hypothèses de recherche des expérimentateurs, les amenant à construire, chacun de leur côté, une discipline scientifique illusoire. En fait, les anciens avec leurs anges ou leurs démons étaient bien plus proches de la vérité que la plupart des modernes. C'était là une superstition au sens propre du terme (superstition vient du latin superstare qui signifie "ce qui se tient au-dessus").

C'était une vérité énoncée sous une forme synthétique. Une forme telle que la culture des opérateurs ne leur permettait pas d'en comprendre le sens.

RADIESTHÉSIE ET STRUCTURE OCCULTE DU MONDE

Il semble urgent, pour la génération actuelle de radiesthésistes, de replacer cet art dans le cadre qu'il n'aurait jamais dû quitter, celui des "arts occultes". Les Anciens ont compris le monde à travers une logique bien différente de celle des modernes. Ils pensaient que le monde était créé par un dieu et que ce dieu était transcendant et donc extérieur au monde. Les créatures, qui font partie du monde, ne pouvaient donc selon eux ni comprendre ni connaître ce dieu, car appartenant à un monde limité, elles ne pouvaient comprendre l'illimité. Ce dieu, Dieu au sens où nous comprenons ce mot aujourd'hui, était au delà de tout, donc inaccessible, incompréhensible.

Il se manifestait à la créature en créant le monde qui est par nature diversité. Ce monde est régi par des lois, et ces lois, puisqu'elles existent, sont forcément issues de Dieu. Ces lois, ils les appelèrent " anges" ou "daimon". "Anges" signifie" messager"(du grec angelos) et "daimon" est un mot grec qui signifie "inspirateur". Plus tard, on tira du mot "daimon" le mot "démon". On appliqua le mot ange aux forces, lois "qui tendaient à faire progresser le monde vers l'ordre (néguentropie) et le mot "démon" à celles qui tendaient à désorganiser le monde (entropie)...

A cela, il faut ajouter que, selon les Anciens, le monde visible est sous-tendu par un monde invisible. Par visible, chez les Anciens, il ne faut pas entendre seulement tout ce que les yeux humains peuvent voir. Il faut comprendre tout ce qui a une existence physique.

Derrière chaque créature, chaque objet, chaque phénomène physique, ils affirmaient l'existence d'une loi non physique de portée universelle. Ils ont appelé cette loi de divers noms (ange, démon, daimon, neter chez les Egyptiens) et lui ont prêté par analogie une " personnalité" et une "volonté" propres.

Cette personnalité et cette volonté propres leur permettaient d'expliquer le fait que ces lois soient dans une certaine mesure influençables par la pensée humaine (prière, rites, etc...).

Comme chacune de ces lois était d'origine divine, elle se manifestait à tous les niveaux de l'Univers dans les mouvements des planètes, dans le mental de l'homme, dans le monde abstrait des mathématiques, dans le monde physique, etc...

C'est cette conception du monde qu'ont partagé les anciens Egyptiens, les Grecs, les Latins, les hommes du Moyen Age. Quand les rhabdomanciens disaient "qu'un démon ou un ange hantait leur baguette" ils affirmaient simplement (même s'ils ne le comprenaient pas) que cette baguette n'était rien d'autre qu'un moyen de **percevoir l'invisible.**

Une telle conception du monde en général et des phénomènes radiesthésiques en particulier avait un avantage : elle rendait compte globalement de tous les phénomènes observés en radiesthésie.

Obscurantisme ! s'écrieront certains lecteurs. Qu'ils se détrompent. Cette conception du monde n'est pas aussi dépassée qu'ils pourraient le penser. Certaines recherches actuelles en mathématiques nous y ramènent à grand pas. Les fractales, la typologie, la systémique théorique, et même le formalisme mathématique utilisé en mécanique quantique impliquent des théories de l'Univers fort proches de celles des anciens. Bien sûr, les mathématiciens contemporains ne parlent ni d'ange, ni de démon, ni de neter, mais l'idée de formes "transcendantes" représentant des lois s'appliquant à tous les niveaux de réalité de l'Univers les choquent de moins en moins.

LES POSSIBILITÉS DE LA RADIESTHÉSIE

Si nous nous sommes permis de résumer rapidement (oh combien) les connaissances des anciens relatives à la structure occulte du monde, c'est uniquement parce qu'elle élargit considérablement les possibilités de la radiesthésie.

D'abord et avant tout, elle le libère de l'obligation psychologique de se créer une théorie particulière pour comprendre sa propre action. Cela n'a l'air de rien, mais en radiesthésie c'est très important, puisque, en libérant le radiesthésiste de l'obligation de théoriser, on le libère du même coup de l'obligation de limiter les possibilités de la radiesthésie de façon à la rendre cohérente avec sa théorie. Par exemple, il m'arrive fréquemment de reconstituer l'histoire d'une maladie, d'un maléfice au pendule. D'en situer les dates de début et de fin. Ces explorations sont totalement incompatibles avec une conception physique de la radiesthésie. C'est, dirons-nous "de la divination au pendule". D'ailleurs, à l'occasion de ces explorations toujours ponctuelles il m'arrive d'explorer l'avenir d'une situation. J'en ai fait presque une spécialité. Les résultats sont probants, voire spectaculaires.

Oui, le pendule peut répondre à une question concernant le passé d'une personne ou d'une société.

Oui, le pendule permet de savoir si telle ou telle personne mène une vie différente de celle que l'on vous présente. J'ai par exemple fait récemment avouer à un Africain (qui me demandait d'explorer un problème familial) que son père exerçait des fonctions de chef traditionnel, alors que cet homme me soutenait depuis plus d'une heure que sa famille n'avait aucun lien avec la société traditionnelle africaine. J'étais sûr de moi, le pendule répondait positivement sur les mots clés "ethnie" et "groupe tribal".

Oui, le pendule peut permettre d'explorer l'avenir.

Tout cela est possible, si l'on respecte les deux conditions suivantes :

1. Il ne faut pas douter de cette possibilité.

2. Il faut être totalement détaché du résultat de la recherche.

A propos de ces conditions, permettez-nous de vous donner un conseil. Lorsque vous travaillez de cette façon en présence d'une personne intéressée par le résultat de vos recherches, **ne l'informez jamais des questions que vous posez.** Vous risqueriez d'obtenir sa réponse personnelle et non celle de l'invisible.

De même cette conception de l'Univers explique pourquoi, en radiesthésie, il est possible d'obtenir des résultats satis-

faisants avec des instruments en apparence aberrants. Nous n'en voulons pour exemple que les travaux de Condé sur les "ondes de la pyramide" avec son zodiaque orienté à l'envers. Si une théorie des ondes pouvait s'appliquer à la radiesthésie, les travaux effectués avec un zodiaque orienté de cette façon n'auraient pas fonctionné. Il l'aurait constaté, aurait recherché le pourquoi de la chose, le premier livre d'astronomie venu lui aurait fourni la réponse, et il aurait rectifié l'orientation de son zodiaque. Seulement voilà, l'erreur d'orientation de Condé est conforme au fonctionnement de la pensée humaine. Intuitivement c'est dans ce même sens que n'importe qui aurait orienté son zodiaque. Ce n'est pas conforme à la réalité concrète de l'Univers, mais c'est conforme à la **vision déformée qu'en a intuitivement le mental de l'homme. Or cette vision fausse est elle aussi un effet d'une loi de l'Univers**. Il a utilisé une loi qui régit le mental de l'homme alors qu'il croyait faire appel à une loi qui régit "l'espace local terrestre" (l'orientation de la terre par rapport à la sphère céleste).

Enfin, ce n'est pas parce que des phénomènes physiques ne sont pas indispensables à la manifestation du phénomène radiesthésique, qu'ils ne peuvent pas l'accompagner. Par exemple, la mise en évidence du "rayon d'union" par les travaux du professeur Yves Rocard montre que le travail du sourcier sur le terrain s'accompagne de phénomènes électromagnétiques quantifiables. Cela peut rassurer certains esprits épris de rationalisme... Ce qui les rassure moins en revanche, c'est quand on leur explique que le même sourcier peut tout aussi bien détecter une source sur un plan ou une carte. Dans ce cas en effet, il est douteux que l'on puisse détecter une quelconque anomalie magnétique résultant de la circulation d'eau. Dans les cas de détection à distance, les explications physiques du phénomène de sourcellerie tombent d'elles-mêmes. Là encore il existe une explication. Cette explication, tout radiesthésiste expérimenté devrait la trouver évidente, c'est l'équivalence **information - énergie.** Quel radiesthésiste n'a pas au moins une fois dans sa vie été victime du phénomène dit **"de rémanence"** ? A ma connaissance aucun. C'est, après "l'idée à priori du radiesthésiste", la plus fréquente cause d'échec en radiesthésie. Voici un exemple de rémanence. Un ami vous téléphone et vous dit : "J'ai perdu mes papiers, pourrais-tu les retrouver ?" Vous lui faites dicter un plan de l'appartement à partir de la porte d'entrée, un couloir d'environ 2 m de large, 3, 50 m de long, à gauche près de la porte d'entrée, une porte qui donne sur la cuisine, 1 m plus loin, à droite, une porte qui donne sur le salon... Au fur et à mesure, vous dessinez un plan sommaire des lieux que vous ne connaissez pas... Ensuite, vous commencez votre recherche. Au bout de quelques minutes, vous annoncez fièrement "le porte-carte est dans l'entrée, à gauche, après la première porte entre un meuble et le mur".

Silence de mort au bout du fil pendant quelques secondes. Puis votre interlocuteur vous dit : "il y a une commode à cet endroit dans l'entrée, et quand je rentre, c'est sur elle en général que je pose mes papiers. Je les ai déjà perdus il y a environ 6 mois, et effectivement ils étaient tombés entre le mur et la commode. Cette fois-ci c'est évidemment là que j'ai regardé en premier". Voilà un exemple de rémanence.

L'objet a été perdu à cet endroit, il n'y est plus depuis longtemps, mais c'est là que vous le retrouvez au pendule, comme si le lieu avait été marqué par l'objet. Il y a pire. Vous demandez à une personne de cacher un objet. Elle pense à le mettre sur la cheminée, derrière la pendule.

Elle réfléchit, se dit que c'est une cachette trop facile, trop évidente, et va cacher l'objet ailleurs. Vous effectuez une recherche sur plan, et, vous trouvez l'objet sur la cheminée, derrière la pendule. Il a suffit que la personne pense à cacher l'objet à cet endroit pour le **marquer "radiesthésiquement".**

Vous l'avez compris, la rémanence, c'est la plaie de la recherche radiesthésique ... Une plaie bien utile parfois, puisque c'est elle également qui nous permet de créer des "témoins virtuels" des témoins mots ou des témoins nombres. En effet, un témoin mot ou un témoin nombre ne sont rien d'autre qu'une **rémanence provoquée.**

RADIESTHÉSIE ET PARAPSYCHOLOGIE

Il est un autre domaine où l'on a mis en évidence les phénomènes de rémanence et où on les a systématiquement utilisés, c'est celui de l'expérimentation parapsychologique. Le professeur Milan Ryzl, successeur du professeur Rhine et responsable du département de recherche parapsychologique à la Duke University (U.S.A), ayant constaté des irrégularités statistiques bizarres dans les résultats des expériences de perception extra sensorielle, eut l'idée de marquer les cartes utilisées pour ces expériences (1) avec une encre invisible à l'œil nu (2). Il fit travailler de nombreux sujets et constata avec stupéfaction que lorsqu'une erreur avait été commise avec une carte, (par exemple, le premier sujet devait deviner que la carte portait un carré et il avait cru voir un triangle), les sujets qui travaillaient par la suite avec le même jeu tendaient avec une fréquence anormalement élevée à reproduire sur la même carte la même erreur. **Là où le premier sujet avait vu un carré au lieu d'un**

(1) Les cartes utilisées à la Duke University pour les expériences d'E. P. S. sont connues sous le nom de cartes de Zener, elles représentent des symboles géométriques : triangle, carré, étoile, croix, signe du verseau.

(2) Marquer les cartes consistait à repérer au dos de la carte la figure faussement perçue avec une encre invisible à la lumière ordinaire. Ce repérage était donc invisible pour le sujet psi qui travaillait avec les cartes, mais les expérimentateurs, eux, en regardant le dos de la carte sous lumière ultraviolette pouvaient contrôler la persistance de l'erreur initiale d'un sujet à l'autre.

triangle, eux aussi en majorité voyaient un carré. C'était la découverte en voyance et en télépathie de ce que nous appelons en radiesthésie la rémanence.

Ayant constaté ce fait, Mylan Ryzl multiplia les expériences ; il fabriqua des jeux de cartes composés uniquement de cartes qui avaient été perçues faussement, et les sujets psi qui utilisèrent ces jeux firent des contre-performances en répétant plus fréquemment que la moyenne les "erreurs qui avaient marqué les cartes". A l'inverse, il fit des jeux à partir de cartes qui toutes avaient été perçues avec exactitude, et les sujets obtinrent de bien meilleurs résultats qu'avec des jeux de cartes neufs. Mylan Ryzl a pu ainsi établir qu'une "perception fausse" marquait définitivement une carte. En fait, tout laisse penser que non seulement la perception, mais aussi le langage marque la carte.

Les conclusions qu'un radiesthésiste peut et doit tirer des résultats d'expérience de Milan Ryzl sont importantes.

Le phénomène de rémanence est commun à la radiesthésie et aux divers processus de perception extrasensorielle.

L'affirmation par un être humain en état de conscience modifiée d'une identité ou d'un fait, même si elle constitue objectivement une erreur, crée une réalité parallèle au monde matériel. La perception d'un même fait par plusieurs "praticiens de la perception extrasensorielle" ne constitue en aucun cas une preuve de la réalité matérielle de ce fait. Par exemple, si, par erreur (ou a priori) un praticien a cru déceler un gisement d'un métal quelconque dans un jardin, il est probable que tous les praticiens qui passeront derrière lui confirmeront l'existence de ce gisement métallique. Il en résulte, que si un praticien de la radiesthésie "invente" un "type d'onde" et lui accorde des propriétés précises, ce type d'onde **existera désormais** dans un certain niveau de réalité, pourra être étudié par radiesthésie, donner lieu à des expériences multiples qui en confirmeront les propriétés. Ainsi, si vous travaillez avec un émetteur équatorial type Delafoy, vous confirmerez probablement les résultats d'expérience de Jean Delafoy.

EXPÉRIENCES RADIESTHÉSIQUES ET PSYCHOLOGIE

Il est souvent intéressant pour la réussite d'une expérience ou d'une action par "ondes de formes" que les personnes concernées par cette action ou cette expérience en ignorent le but et les effets probables. J'ai assisté dans les années 1970 à une conférence donnée à l'Institut Métapsychique de Paris. Cette conférence était donnée par un étudiant en psychologie. Il avait tenté sur le campus de l'université de Bordeaux une expérience qui pour nous radiesthésistes est riche d'enseignements. Cette expérience visait à mesurer l'impact de la psychologie d'un individu sur les résultats d'une opération réalisée à l'aide d'ondes de formes. On avait choisi l'expérience la plus simple, la plus connue, la momification d'un morceau de viande par les "ondes de forme d'une pyramide".

Dans une première étape, ce chercheur établit un questionnaire qui visait à évaluer l'impact psychologique d'un tel phénomène sur un individu. Constater la dessiccation d'un morceau de viande par les "ondes de la pyramide serait-il ou non" déstabilisant pour l'observateur. Telle était la réalité que cherchait à établir le questionnaire !

Ce questionnaire fut distribué, rempli, interprété. Ce chercheur dégagea deux groupes d'étudiants.

Le groupe "A" était composé d'étudiants que la constatation de ce genre d'effet ne dérangerait nullement. Leur conception du monde, leur façon de voir les choses, leur permettait d'affronter sans trouble une telle réalité.

Le groupe "B" au contraire était composé d'étudiants qui (d'après les résultats du questionnaire) ressentiraient la constatation de cette réalité comme un choc, comme une remise en cause de leurs idées fondamentales, comme un écroulement de ce qu'ils avaient toujours cru être le monde.

Ensuite, le chercheur s'assura la collaboration de deux radiesthésistes qui installèrent dans les chambres des étudiants des deux groupes des pyramides sous lesquelles ils placèrent un morceau de viande. A côté de chaque pyramide, ils posèrent une soucoupe contenant un morceau de viande témoin. Les résultats furent spectaculaires ! Dans les chambres de la plupart des étudiants du groupe "A" (ceux dont l'existence des ondes de formes ne troublait pas - ou même renforçait - la conception du monde) l'expérience réussit.

A l'inverse, dans le groupe "B" la plupart des morceaux de viande pourrirent. Non seulement ils ne se desséchèrent pas, mais parfois, le morceau de viande placé sous la pyramide **pourrit plus vite que le morceau de viande témoin.**

Cette expérience démontrait donc que l'effet du célèbre V-e, (la fameuse "onde" responsable du pouvoir de dessiccation de la pyramide, qui selon Chaumery et De Bélizal était l'une des plus stables parmi toutes les "ondes de formes") avait **des propriétés variables suivant la psychologie, la pensée, de l'observateur.**

Elle montrait également que "la pensée émotionnelle" du "traumatisé en puissance" avait plus d'effet sur le phénomène que la pensée sereine du radiesthésiste. C'était là mettre en évidence l'importance du "secret de l'opération" recommandé par tous les grimoires de magie. En effet le même observateur, placé en présence d'une pyramide scellée et ignorant le résultat attendu de cette expérience n'en aurait probablement pas influencé le résultat.

CHAPITRE DEUX

VERS UNE ATTITUDE RADIESTHÉSIQUE EFFICACE

De toutes ces observations, on peut dégager les règles fondamentales d'une attitude radiesthésique efficace, tant en recherche informative qu'en action par "ondes radiesthésiques".

L'ATTITUDE DU RADIESTHÉSISTE EN RECHERCHE

1. *MOINS VOUS EN SAVEZ MIEUX ÇA VAUT !*

Moins votre consultant vous informe, plus vous avez de chances de faire une recherche correcte. Plus vous le laissez "se raconter" avant d'entreprendre la recherche, plus vous avez de risque d'être influencé par ses émotions ou ses opinions qui ne sont pas forcément justes. Si on vous dit, "on recherche une personne disparue", et qu'on vous donne un témoin biologique de cette personne, vous en savez largement assez sur la situation pour pouvoir commencer votre recherche. Si le témoin pouvait ne vous donner aucune information relative à l'aspect physique de la personne que vous recherchez, ce n'en serait que mieux. De même sur une recherche "médicale" les antécédents médicaux du consultant ne vous regardent pas. Ce qu'a diagnostiqué le corps médical, ou tout autre praticien de santé non plus.

Votre problème c'est de trouver ce qui sera efficace pour cette personne dont vous ignorez tout !

Et si vous voyez son œil jaune de grand hépatique, empressez-vous d'ignorer cette information, elle ne pourrait que vous troubler, vous égarer.

Votre technique est divinatoire : ne venez pas troubler son efficacité avec des observations biologiques et des raisonnements que d'autres ont d'ailleurs probablement faits avant vous.

Votre problème n'est pas de savoir si votre consultant est malade du foie, du poumon, des reins ou des trois en même temps, il est de sélectionner parmi les moyens dont vous disposez ceux qui peuvent l'aider.

2. EXPLOREZ MÉTHODIQUEMENT LA SITUATION :

Le pendule est un instrument délicat à manier à cause de son côté binaire. Il ne répond que par Oui ou Non et, si vous avez adopté la méthode du "pendule des bâtisseurs", éventuellement par un "refus de réponse". **Il en résulte qu'au cours d'une exploration, le plus important c'est de poser les bonnes questions.** C'est là l'essentiel du travail du radiesthésiste, réfléchir pour trouver les questions pertinentes.

Vos questions doivent donc aller du général au particulier.

Chaque réponse par oui ou non du pendule doit éliminer un maximum de possibilités.

Dans l'exemple d'une personne disparue la série de questions pourrait se schématiser ainsi :

1 Est-il à l'étranger ?

Si non	Si oui
2 Est-il en métropole ?	2 Est-il en Europe ?
Si oui	Si non

Chaque question orientant progressivement toute la suite de la recherche.

Les questions pouvant être porteuses d'une charge émotionnelle doivent toujours être posées en dernier. De toute façon il ne vous servirait à rien (sauf à vous troubler) de savoir qu'une personne disparue est blessée tant que vous ne savez pas où envoyer les secours.

Sachez oublier ce que vous savez ou ce que la logique vous pousse à croire. Ce n'est pas parce qu'un enfant de trois ans a disparu qu'il est forcément dans la ville. Il n'aurait sûrement pu aller ailleurs par ses propres moyens, mais on n'a pu aussi bien le faire monter dans un train ou dans une voiture. **Lorsque des questions vous fournissent des réponses qui en principe devraient être connues du consultant, n'hésitez pas à lui communiquer ces réponses. Sa confirmation ou son infirmation de certaines données est un élément précieux.** Il peut arriver que les réponses successives du pendule vous amènent à poser des questions qui paraissent délirantes. Dans ces cas-là le consultant peut parfois vous rassurer en vous confirmant le bien fondé de vos assertions.

3. NE FORMULEZ JAMAIS UNE QUESTION ADRESSÉE AU PENDULE À VOIX HAUTE :

Vos investigations peuvent vous amener à poser des questions dont le consultant ne doit avoir en aucun cas la réponse. Ayez bien conscience que **ce qui regarde le consultant c'est "la question qu'il vous a posée et la réponse que vous allez lui donner"**. La démarche que le radiesthésiste effectue, le dialogue avec le pendule, ne regarde en aucun cas le consultant. C'est votre affaire et uniquement votre affaire. Si au cours de cette phase, vous l'informez de certains résultats, c'est uniquement parce que vous avez besoin de connaître sa réaction.

C'est à vous de décider ce que vous communiquerez ou non de cette démarche au moment ou vous formulerez la réponse à la question du consultant.

Cette attitude se justifie tout autant par des raisons techniques que par des raisons déontologiques. Les raisons techniques sont simples : si on vous consulte c'est que d'une part on ne détient pas la réponse, et que d'autre part celle-ci a un impact émotionnel suffisant pour avoir engendré cette démarche. Par conséquent, moins vous suscitez d'émotions chez le consultant, moins vous risquez d'être victime d'obstructions conscientes ou inconscientes à votre démarche. Quant aux raisons déontologiques elles sont tout aussi évidentes, la démarche par questions successives qu'impose la radiesthésie peut vous amener à poser des questions auxquelles le consultant ne souhaite pas obtenir de réponse, ou même des questions auxquelles ce n'est pas à vous de donner une réponse.

4. UNE RECHERCHE DÉBOUCHE SOUVENT SUR UNE ACTION :

Face à des questions de santé par exemple, une recherche peut déboucher sur une action. **Ne perdez jamais de vue que c'est à vous de déterminer au pendule les moyens d'action que vous allez mettre en œuvre.** Le choix de ces moyens d'action est une seconde phase de votre recherche. Vous la dirigerez comme une recherche ordinaire :

PAR EXEMPLE :

Doit-on employer des moyens radioniques ?

Si oui :
Action sur témoin du sujet ?

Si oui	**Si non**
Quel type d'action	***Action avec produits chargés***

Si refus de réponse, "association des deux ?"

ATTITUDE DU RADIESTHÉSISTE AGISSANT

Nous avons présenté dans ce livre de nombreuses techniques d'action utilisant le pendule égyptien. Toutes ces techniques fonctionnent. Celles que nous n'avons pas personnellement utilisées l'ont été par d'autres et il n'y a aucune raison de mettre en doute les résultats qu'ils prétendent avoir obtenus. Ceci dit, nous sommes dans un domaine où à un moment ou à un autre, tout dépend du mental de l'opérateur. Il est inutile de tenter de "vitaliser de l'eau avec un témoin virtuel de métal" si votre mental refuse que cela "puisse fonctionner". Inutile de le faire "pour voir si ça marche". Dans de telles conditions mentales, ça ne peut pas "marcher". Faites-le parce que vous voulez obtenir le résultat. Faites-le et, occupez-vous d'autre chose. Le doute en ce domaine est l'ennemi. Si une technique vous paraît par trop baroque, laissez tomber ; l'expérience de l'action par radiesthésie vous y ramènera un jour ou l'autre.

1. LA MÉTHODE DES "MOTS-CLÉS" :

La méthode des mots-clés est une invention personnelle. Nous l'avons déjà exposée dans l'ouvrage "le pendule des bâtisseurs" paru aux éditions F. de Villac. Elle permet de travailler plus vite, et donc, d'éviter les phénomènes d'autosuggestion. L'association du code "oui, refus de réponse" et de la méthode des mots-clés est, comme le courrier des lecteurs du "pendule des bâtisseurs" en témoigne, particulièrement efficace.

QU'EST-CE QU'UN MOT-CLÉ ?

C'est le résumé d'une question ou d'un ordre par un seul mot significatif de la question ou de l'affirmation. Par exemple, si **"cuivre"** est un "mot clé", il peut traduire la question "est-ce du cuivre ?" ou l'ordre "détecte sélectivement l'onde du cuivre".

Vous remarquerez que la question et l'ordre sont équivalents du point de vue du pendule.

En utilisant le mot-clé cuivre, plutôt que les questions et ordres qu'il remplace, on fait donc l'économie d'une formulation parfois complexe.

TOUT MOT SIGNIFICATIF PEUT DEVENIR UN MOT-CLÉ

Un nom de métal, un nom de plante, un nom de pierre peuvent devenir, sont par nature des mots-clés. Ces mots-clés, désignant un produit, sont **utilisables en recherche, mais non en émission. Seuls, en émission, fonctionnent les mots-clés abstraits : "émission", "imprégnation", "témoin", "charge"**... Ces quelques mots sont ceux que nous utilisons, mais vous pouvez en inventer d'autres.

Nous croyons cependant que les nôtres couvrent la gamme des travaux que peut réaliser le radiesthésiste.

"Emission" fait girer le pendule dans le sens des aiguilles d'une montre et lui fait émettre l'onde dont il est porteur.

"Imprégnation" fait girer le pendule dans le sens inverse des aiguilles d'une montre et l'imprègne de l'onde du témoin placé au-dessous de lui.

"Témoin" fait girer le pendule dans le sens des aiguilles d'une montre, et lui fait "vitaliser le témoin".

"Charge" est presque équivalent **"d'émission"** mais s'utilise uniquement avec les produits que l'on veut imprégner d'une onde... par exemple pour charger de l'eau.

En fait, les mots-clés permettent au radiesthésiste de "s'autoconditionner" pour atteindre instantanément l'état de conscience nécessaire à la recherche ou à l'opération en cours.

L'inutilité du "Non" en radiesthésie

Le code "non" ne sert à rien, sauf à alourdir la tâche du radiesthésiste et à compliquer son travail. En effet, **le temps de réaction d'un pendule est entièrement lié à ses qualités mécaniques.** Il ne dépend en aucun cas de l'onde détectée. Par exemple, il faut une oscillation et demie à un "pendule égyptien en bois, lesté" (1) pour réagir, il en suffit d'une demi au pendule des bâtisseurs. Donc, si au bout de deux oscillations un pendule égyptien ou un pendule des bâtisseurs n'a pas manifesté de réaction, c'est que la réponse est non. On peut passer à la question suivante. Si la plupart des radiesthésistes utilisent un code "non", c'est seulement parce qu'ils ont "appris comme ça"... Il faut comprendre qu'historiquement la radiesthésie est devenue un art en vogue à la fin du 19è siècle. Il aurait paru étrange aux hommes de cette époque de considérer qu'une absence de réponse valait un "non". Ils étaient encore dominés intellectuellement par la sagesse populaire, laquelle prétend que "qui ne dit mot consent". Entre leur époque et la nôtre on a inventé l'informatique. Or cette invention n'a été possible que parce que l'on a découvert qu'en logique 0 pouvait remplacer "non" et 1 remplacer "oui" ; ce qui revenait à montrer qu'une réponse binaire (oui ou non) peut se traduire par "réponse", "non réponse". Ceci présenterait peu d'intérêt, si cela n'offrait à n'importe quel pendule la possibilité d'avoir un code ternaire. On sait en effet qu'en logique **le code ternaire est le plus efficace de tous.** On le traduit ainsi 0 = Non, 1 = Oui, 2 = indécidable (avec un pendule, lui correspond le code que nous avons appelé "refus de réponse").

Or ce code a un grand avantage sur le code binaire : il économise les questions. Prenons un exemple, vous êtes dans un immeuble de plusieurs étages. On y a perdu un objet. Vous recherchez cet objet et vous posez la question "dois-je me diriger vers la gauche ?" Vous obtenez un "refus de réponse" au lieu

(1) Nous décrivons ce modèle de pendule en page 20.

d'un "oui" ou d'un "non" franc. Cela signifie que l'objet est bien à votre gauche, mais pas au niveau de l'immeuble auquel vous vous trouvez. Il vous suffira donc de demander ensuite si l'objet doit être recherché vers le haut (dans les étages supérieurs). Un "non" franc vous indiquera qu'il faut chercher dans les étages inférieurs, un refus de réponse vous informera que votre notion de haut (qui se confond avec étages supérieurs) n'est pas bonne. Il faut chercher vers le haut, mais à l'étage où vous vous trouvez. Un ami a retrouvé avec cette méthode un pendentif qui avait été volé au cours d'une soirée puis caché par le voleur au sommet d'une armoire… Cette recherche aurait pu aboutir avec un code binaire, à condition bien sûr que le radiesthésiste n'abandonne pas après avoir exploré le plancher et suppose que le pendentif avait pu être non pas perdu mais volé puis caché, car sauf cas extraordinaire les pendentifs ne s'envolent jamais du cou d'une jeune femme pour aller se poser d'eux-mêmes sur le sommet des armoires. D'autres radiesthésistes avaient déjà tenté d'échapper au code binaire du pendule en inventant un code quaternaire qui comportait un "petit oui" et un "petit non", ou le "petit oui" n'était pas vraiment affirmatif et ou le "petit non" n'était pas réellement négatif. En fait, du point de vue logique, ces deux codes signifiaient la même chose : "il est impossible de répondre par oui ou non à cette question". Il présentait un inconvénient, celui d'obliger le radiesthésiste à décoder quatre mouvements différents du pendule… Difficile quand cet objet n'a que trois mouvements naturels … Cette méthode de radiesthésie illogique est toujours restée très marginale.

UNE MÉTHODE À EXCLURE

Il existe une méthode de radiesthésie particulièrement inadaptée à l'utilisation du pendule égyptien. C'est la méthode des "battements" plus connue sous le nom de méthode de l'abbé Mermet. Nous ne prétendons pas que les radiesthésistes qui utilisent cette méthode sont de "mauvais radiesthésistes". La nature de la radiesthésie est telle que d'excellents radiesthésistes peuvent utiliser des méthodes totalement illogiques. En revanche, nous tenons à le signaler à nos lecteurs, la difficulté d'apprentissage de cette méthode qui suppose des "battements spontanés du pendule" et une lecture précise des directions et du nombre de ces battements. Cela donne de "très beaux schémas" et comporte peut-être un intérêt pour certaines recherches théoriques. Ceci dit, cette méthode rend les recherches plus longues, et plus complexes. Par ailleurs les battements ne peuvent être une "réaction naturelle du pendule". En réalité, décider que l'on va observer des mouvements caractéristiques du pendule en fonction de la nature du témoin étudié est déjà en soi une convention mentale.

Les caractéristiques mécaniques (forme, poids, densité) des pendules égyptiens font qu'ils sont inadaptés à l'utilisation de cette méthode. Si une telle méthode peut trouver son adéquation dans des opérations de recherche fondamentale en ondes de formes, elle ne saurait en aucun cas convenir à une pratique radiesthésique ou radionique courante.

APPENDICES

1 - QUELQUES PLANCHES ET LISTES UTILES :

Voici quelques planches et listes utiles pour les recherches radiesthésiques et l'émission. Bien sûr ce sont des modèles. Vous pouvez les photocopier ou les modifier à votre goût.

PLANCHE NUMÉRIQUE POUR RECHERCHE DE NOMBRES OU DE N° DE RÉFÉRENCE

9 8 7 6 5 4 3 2 1 0

Nombre de chiffres à utiliser :

						cM	dM	M	cm	dm	m	c	d	u

LÉGENDE :

u : unités **dm : dizaines de milliers**
d : dizaines **cm : centaines de milliers**
c : centaines **dM : dizaine de millions**
m : milliers **cM : centaine de millions (1)**

(1) Combinez ces codes pour les milliards.
ex : mM (milliers de millions pour les milliards, et cmM pour les centaines de milliards.

MODE D'EMPLOI :

Recherchez le nombre de chiffres à utiliser. Pour cela demandez au pendule si 9 chiffres suffisent.
SI RÉPONSE = "Oui", faites une recherche sur liste en pointant les chiffres de 1 à 9.
SI RÉPONSE = "Non" faites une recherche sur liste en partant de 0 et en le comptant pour10.
Ensuite, faites autant de recherches sur liste que nécessaire pour avoir tous les chiffres du nombre ou du n° recherché.

EXEMPLE :

9 chiffres suffisent-ils ? Le pendule répond "Oui ".
La recherche sur liste permet de sélectionner (par exemple) le 3.
On fera donc 3 recherches sur liste successives :
1 pour le chiffre des unités que l'on inscrira dans la case "u".
1 pour le chiffre des dizaines que l'on inscrira dans la case "d".
1 pour le chiffre des centaines que l'on inscrira dans la case "c".

LISTES DES MÉTAUX

TABLE DES METAUX

Aluminium	Américium	Argent	Baryum	Berkélium
Beryllium	Cadmium	Calcium	Californium	Cérium
Césium	Chrome	Cobalt	Cuivre	Curium
Dysprosium	Einsteinium	Erbium	Etain	Europium
Fer	Fermium	Francium	Gadolinium	Gallium
Hafnium	Holmium	Indium	Iridium	Lanthane
Lawrentium	Lithium	Lutétium	Magnésium	Manganèse
Mandélévium	Mercure	Molybdène	Néodyme	Neptumium
Nickel	Niobium	Nobélium	Or	Osmium
Palladium	Platine	Plomb	Plutonium	Polonium
Potassium	Praséodyme	Prométhium	Protactinium	Radium
Rhénium	Rhodium	Rubidium	Ruthénium	Samarium
Scandium	Strontium	Tantale	Technétium	Terbium
Thallium	Thorium	Thulium	Titane	Tungstène
Uranium	Vanadium	Ytterbium	Zinc	Zirconium

MODE D'EMPLOI DE LA LISTE DES MÉTAUX

A - TÉMOIN NOMBRE MOT :

1 Sélectionnez un métal au pendule.
2 Fabriquez un témoin mot.
3 Vitalisez le témoin au décagone ou au pendule.

B - TÉMOIN NOMBRE NATUREL :

1 Sélectionnez un métal au pendule.
2 Reportez-vous à la table des éléments.
3 Inscrivez sur un carré de carton de 3 cm. sur 3 cm environ le nombre atomique du métal.
4 Vitalisez le témoin au pendule ou au décagone.

C - TÉMOIN NOMBRE RADIESTHÉSIQUE :

1 Sélectionnez un métal au pendule.
2 Inscrivez le nom du métal sélectionné dans la case prévue à cet effet sur la planche "témoin nombre".
3 Procédez sur cette planche à une recherche de nombre.
4 Inscrivez le nombre trouvé sur un carré de carton de 3 cm sur 3cm.
5 Vitalisez le témoin au pendule ou au décagone.

Nota : rien ne vous interdit (c'est même conseillé) d'utiliser ce mode d'emploi comme une planche pour sélectionner le type de témoin qui convient le mieux à l'action que vous voulez entreprendre.

TABLE MUETTE DES MÉTAUX

0	1	2	3	4	5
1	*	*	*	*	*
2	*	*	*	*	*
3	*	*	*	*	*
4	*	*	*	*	*
5	*	*	*	*	*
6	*	*	*	*	*
7	*	*	*	*	*
8	*	*	*	*	*
9	*	*	*	*	*
10	*	*	*	*	*
11	*	*	*	*	*
12	*	*	*	*	*
13	*	*	*	*	*
14	*	*	*	*	*
15	*	*	*	*	*

MODE D'EMPLOI DE LA TABLE MUETTE DES MÉTAUX

Cette table est destinée aux lecteurs qui, connaissant les propriétés des oligo-éléments craignent d'être victimes d'autosuggestion lors de la sélection d'un métal. Elle comporte autant de lignes et de colonnes que la table des métaux, et chaque métal y est représenté par une étoile "*".

1 Sélectionnez une étoile sur cette table muette.

2 Repérez la ligne et la colonne correspondante.

3 Reportez-vous à la table des métaux pour connaître le métal sélectionné.

TABLE DES MÉTALLOIDES				
Antimoine	Argon	Arsenic	Astate	Azote
Bismuth	Bore	Brome	Carbone	Chlore
Fluor	Germanium	Hélium	Hydrogène	Iode
Kourchatovium	Krypton	Néon	Oxygène	Phosphore
Radon	Sélénium	Silicium	Soufre	Tellure
Xénon				

Mode d'emploi de la liste des métalloides

Reportez-vous au mode d'emploi de la liste des métaux.

Observation :

Il peut vous sembler bizarre d'utiliser en thérapie un "témoin oxygène" ou un témoin "hydrogène". Ne vous inquiétez pas, même si certaines pratiques peuvent sembler aberrantes, elles donnent des résultats intéressants.

TABLE MUETTE DES MÉTALLOIDES					
0	1	2	3	4	5
1	*	*	*	*	*
2	*	*	*	*	*
3	*	*	*	*	*
4	*	*	*	*	*
5	*	*	*	*	*
6	*				

TABLEAU PÉRIODIQUE DES ÉLÉMENTS SIMPLIFIÉ

1 H																	2 He
3 Li	4 Be											5 B	6 Ca	7 N	8 O	9 F	10 Ne
11 Na	12 Mg											13 Al	14 Si	15 P	16 S	17 Cl	18 Ar
19 K	20 Ca	21 Sc	22 Ti	23 V	24 Cr	25 Mn	26 Fe	27 Co	28 Ni	29 Cu	30 Zn	31 Ga	32 Ge	33 As	34 Se	35 Br	36 Kr
37 Rb	38 Sr	39 Y	40 Zr	41 Nb	42 Mo	43 Tc	44 Ru	45 Rh	46 Pd	47 Ag	48 Cd	49 In	50 Sn	51 Sb	52 Te	53 I	54 Xe
55 Cs	56 Ba	57 La	58 Ce	59 Pr	60 Nd	61 Pm	62 Sm	63 Eu	64 Gd	65 Tb	66 Dy	67 Ho	68 Er	69 Tm	70 Yb	71 Lu	72 Hf
73 Ta	74 W	75 Re	76 Os	77 Ir	78 Pt	79 Au	80 Hg	81 Tl	82 Pb	83 Bi	84 Po	85 At	86 Rn	87 Fr	88 Ra	89 Ac	90 Th
91 Pa	92 U	93 Np	94 Pu	95 Am	96 Cm	97 Bk	98 Cf	99 Es	100 Fm	101 Mv	102 No	103 Lr	104 Ku				

LISTE DES ÉLÉMENTS		
Nombre atomique	Nom	Symbole chimique
89	Actinium	Ac
13	Aluminium	Al
95	Américium	Am
51	Antimoine	Sb
47	Argent	Ag
18	Argon	Ar
33	Arsenic	As
85	Astate	At
7	Azote	N
56	Baryum	Ba
97	Berkélium	Bk
4	Béryllium	Be
83	Bismuth	Bi
5	Bore	B
35	Brome	Br
48	Cadmium	Cd
20	Calcium	Ca
98	Californium	Cf
6	Carbone	Ca
58	Cérium	Ce
55	Césium	Cs
17	Chlore	Cl
24	Chrome	Cr
27	Cobalt	Co
29	Cuivre	Cu
96	Curium	Cm
66	Dysprosium	Dy
99	Ensteinium	Es
68	Erbium	Er
50	Etain	Sn
63	Europium	Eu
26	Fer	Fe

LISTE DES ÉLÉMENTS		
Nombre atomique	Nom	Symbole chimique
100	Fermium	Fm
9	Fluor	F
87	Francium	Fr
64	Gadolinium	Gd
31	Gallium	Ga
32	Germanium	Ge
72	Hafnium	Hf
2	Hélium	He
67	Holmium	Ho
1	Hydrogène	H
49	Indium	In
53	Iode	I
77	Iridium	Ir
104	Kourchatovium	Ku
36	Krypton	Kr
57	Lanthane	La
103	Lawrentium	Lr
3	Lithium	Li
71	Lutétium	Lu
12	Magnésium	Mg
25	Manganèse	Mn
101	Mendélévium	Mv
80	Mercure	Hg
42	Molybdène	Mo
60	Néodyme	Nd
10	Néon	Ne
93	Neptunium	Np
28	Nickel	Ni
41	Niobium	Nb
102	Nobélium	No
79	Or	Au
76	Osmium	Os

LISTE DES ÉLÉMENTS		
Nombre atomique	Nom	Symbole chimique
8	Oxygène	O
46	Palladium	Pd
15	Phosphore	P
78	Platine	Pt
82	Plomb	Pb
94	Plutonium	Pu
84	Polonium	Po
19	Potassium	K
59	Praséodyme	Pr
61	Prométhium	Pm
91	Protactinium	Pa
88	Radium	Ra
86	Radon	Rn
75	Rhénium	Re
45	Rhodium	Rh
37	Rubidium	Rb
44	Ruthénium	Ru
62	Samarium	Sm
21	Csandium	Sc
34	Sélénium	Se
14	Silicium	Si
11	Sodium	Na
16	Soufre	S
38	Strontium	Sr
73	Tantale	Ta
43	Technétium	Tc
52	Tellure	Te
65	Terbium	Tb
81	Thallium	Tl
90	Thorium	Th
69	Thulium	Tm
22	Titane	Ti

LISTE DES ÉLÉMENTS		
Nombre atomique	Nom	Symbole chimique
74	Tungstène	W
92	Uranium	U
23	Vanadium	V
54	Xénon	Xe
70	Ytterbium	Yb
39	Yttrium	Y
30	Zinc	Zn
40	Zirconium	Zr

Plantes pouvant être utilisées pour des soins à distance, ou pour des opérations psychiques (plantes commercialisées)

TABLEAU DES PLANTES				
Abricotier	Absinthe	Acacia	Ache	Achillée
Agaric	Agave	Aigremoine	Ail	Airelle
Ajonc	Alchémille	Alysse	Amande	Amarante
Ananas	Ancolie	Anémone	Aneth	Angélique
Anis	Arbousier	Aubépine	Avocat	Avoine
Bambou	Basilic	Bergamote	Bétoine	Bouleau
Bourdaine	Bruyère	Buis	Camélia	Camomille
Camphre	Cannelle	Cardamome	Carotte	Caroube
Carvi	Cèdre	Céleri	Chardon béni	Chélidoine
Chêne	Chèvrefeuille	Chicorée	Chiendent	Citronier
Cognassier	Coix	Cumin	Curcuma	Cyclamen
Cyprès	Damania	Ebène	Erable	Estragon
Eucalyptus	Euphraise	Fenouil	Fenugrec	Figuier
Fougère	Fraisier	Framboise	Frène	Fumeterre
Gardénia	Genévrier	Gentiane	Géranium	Germandrée
Gingembre	Ginkgo	Girofle	Gui	Guimauve
Hysope	Iris	Jasmin	Laurier	Lavande
Lin	Lotier	Lotus	Marguerite	Marjolaine
Maté	Mauve	Mélisse	Menthe	Millepertuis
Moutarde N^re^	Muguet	Muscade	Myrtille	Nénuphar
Noisetier	Olivier	Oranger	Origan	Orme

TABLEAU DES PLANTES

Ortie	Patchouli	Patience	Pêche	Pensée
Persil	Pervenche	Peuplier	Piment	Pin
Pissenlit	Pistachier	Pivoine	Poirier	Pommier
Potentille	Primevère	Quinquina	Quintefeuille	Rhubarbe
Rue	Riz	Romarin	Rose pale	Rose rouge
Safran	Salsepareille	Santal blanc	Santal rouge	Sarrazin
Sariette	Sassafras	Sauge	Scabieuse	Sceau S(1)
Sel Gemme	Serpolet	Sésame	Sorbier	Souci
Sureau	Thym	Tilleul	Trèfle	Valériane
Vanillier	Varech	Verveine	Vétiver	Violette

(1) Sceau de Salomon

MODE D'EMPLOI DE LA LISTE DES POUDRES DE PLANTES

C'est volontairement que nous n'indiquons pas les propriétés de ces poudres de plantes. Quand vous faites une recherche en radiesthésie, vous pouvez fort bien être appelé à utiliser des poudres de plantes dont les propriétés connues ne correspondent en rien à votre objectif et obtenir des résultats spectaculaires. **Il ne faut donc pas que vous soyez influencé par une description des propriétés.**

ATTENTION

Cette liste de plantes est exclusivement destinée à l'action à distance à travers un témoin ou à la charge de produits divers par radionique.

Certaines des plantes énumérées dans cette liste sont très toxiques : rue, muguet, ancolie, etc.

L'auteur et l'éditeur déclinent donc toute responsabilité en cas d'utilisation de ces poudres dans des préparations à usage interne ou externe.

Notez que vous pouvez rechercher la plante qui convient à une action à distance ou à la charge radionique d'un produit quelconque sur une table muette, c'est même conseillé. Pour cela sachez que nous avons énuméré 150 plantes, soit une liste de 30 lignes sur 5 colonnes. Concevez votre "table muette" sur le modèle de celles que nous avons présentées pour les métaux et les métalloïdes.

TABLE DES PIERRES LES PLUS COURANTES				
Aigue-Marine	Aimant	Agate	Agate Bleue	Agate Mousse
Agate Rouge	Agate verte	Amazonite	Ambre	Améthyste
Aventurine	Calcédoine	Calcite (1)	Citrine	Cornaline
Cristal (2)	Diamant	Emeraude	Héliotrope	Hématite
Jaspe rouge	Jaspe vert	Lapis Lazuli	Malachite	Mica
Néphrite	Obsidienne(3)	Œil de chat	Œil de faucon	Œil de tigre
Onyx	Péridot	P. de Lune	Pyrite d'or	Quartz rose
Rubis	Topaze	Tourmaline	Turquoise	

(1) Calcite biréfringente

(2) Cristal de roche

(3) Obsidienne mouchetée (connue aussi sous le nom d'obsidienne neige)

MODE D'EMPLOI DE LA LISTE DES PIERRES

Les pierres peuvent être chargées au pendule. C'est l'utilisation la plus courante. Elles peuvent aussi servir à charger des eaux.

Placez un flacon contenant l'eau sous une pyramide, chargez le pendule avec "l'onde de la pierre", utilisez le mot-clé **"charge".**

Attention pour cette opération à la taille de la pyramide. Si vous ne pouvez disposer d'une pyramide assez grande, imprégnez un carré de buvard blanc d'une goutte de l'eau à charger et décidez que ce carré de buvard est un témoin de la totalité de l'eau contenue dans le flacon (De Bélizal et Morel ont montré dans leur livre "physique micro-vibratoire" que le procédé fonctionne).

Bien sûr, cette liste peut servir également à sélectionner une pierre ou plusieurs pour une utilisation en cristallo-thérapie.

Nous ne donnons pas les propriétés des pierres pour la même raison que nous n'avons pas donné celles des plantes.

TABLE DES MOYENS D'ACTION

EMISSION DIRECTE SUR TÉMOIN :

- Emission avec pendule seul.
- Emission avec pendule et règle.
- Emission avec pendule et pyramide.

UTILISATION D'UN PLATEAU :

- Plateau edf.
- Plateau zodiacal.
- Orientation cosmique individuelle.
- Plateau muet.

UTILISATION D'UN TÉMOIN ACTIF ?

Métal   Métalloïde   Pierre   Plante   Autre

NATURE DU TÉMOIN ACTIF :

Concret   Mot   Nombre

UTILISATION D'UN PRODUIT CHARGÉ ?

NATURE DU SUPPORT :

Eau   Huile   Graisse   Pierre   Coton ou linge

MODE D'EMPLOI DE LA TABLE DES MOYENS D'ACTION

La table des moyens d'action résume les moyens dont vous disposez pour traiter la plupart des cas que vous pouvez rencontrer. Elle sert à sélectionner le moyen le plus efficace pour traiter ce cas précis. L'appellation "plateau edf" désigne les plateaux élaborés par des radiesthésistes et décrivant le spectre d'ondes de formes de la pyramide.

L'appellation "plateau muet" désigne le plateau de 36 cases ne portant aucune indication.

La spécification "orientation individuelle" indique que le plateau zodiacal doit être orienté dans la direction du milieu du ciel de la carte du ciel du sujet... Elle exige l'utilisation des témoins planétaires.

L'expression "témoin concret" désigne l'utilisation du produit actif lui-même en tant que témoin.

Notez, que dans certains cas, lorsque la recherche radiesthésique vous indiquera un "témoin concret", vous devrez reposer la question après avoir choisi le produit actif. Par exemple, le produit actif est un métal. La recherche sur la liste des métaux vous fournit " **Radium**". Il est évident que vous ne pourrez pas utiliser un témoin concret. Recommencez donc la recherche sur la nature du témoin en éliminant l'option témoin concret.

RECHERCHES DE DURÉE							
Plusieurs années =							
Plus d'un an =							
Plusieurs mois =	1	2	3	4	5	6	7
	8	9	10	11	12		
Plus d'un mois =							
Plusieurs semaines =	1	2	3	4	5		
Plus de 1 semaine =							
Plusieurs jours =	1	2	3	4	5	6	7

TÉMOINS
DES MÉTAUX PLANÉTAIRES

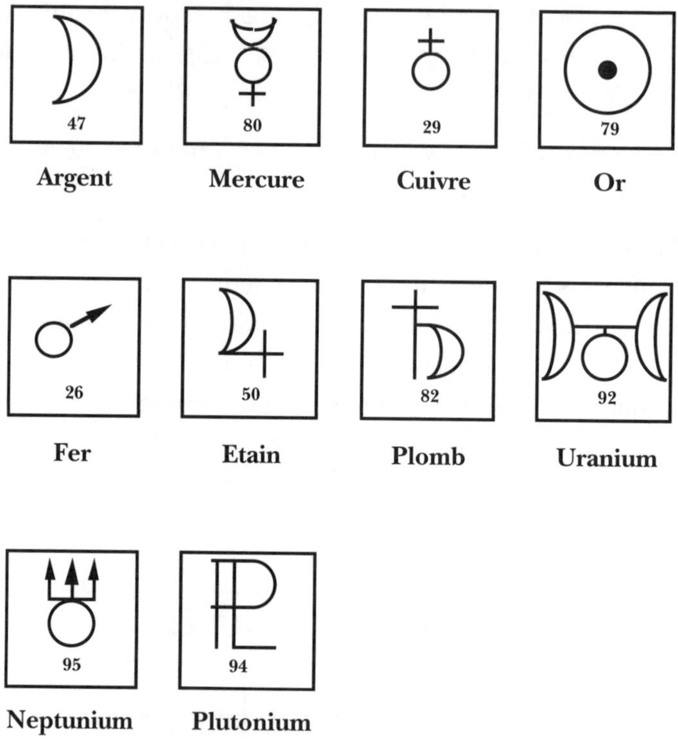

1. Photocopiez cette page.
2. Découpez chaque carré.
3. Vitalisez chaque carré au pendule ou au décagone.
4. Placez chaque carré dans un tube de verre de taille adaptée.

Nota : il est souhaitable que les 10 tubes soient identiques.

NOTIONS NÉCESSAIRES À L'UTILISATION DES ASPECTS

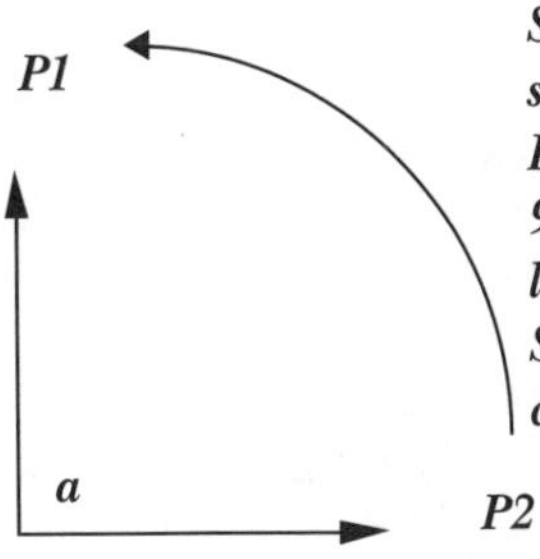

Sur le zodiaque les planètes se déplacent en sens inverse des aiguilles d'une montre.
P1 et P2 sont approximativement éloignés de 90°. On dira que la planète la plus rapide dans le ciel aspecte la planète la plus lente.
Si P1 est plus rapide que P2, alors P1 est en carré à P2.
Si l'angle "a" est légèrement inférieur à l'angle de 90° alors P1 applique au carré de P2.
C'est un carré "séparant" car P1 s'éloigne de P2.

A l'inverse on dira si P2 est supérieur en vitesse à P1 et si l'angle "a" est légèrement supérieur à 90°, que P2 applique au carré de P1.
Ce carré sera dit rapprochant.
Lorsque l'angle "a" sera exactement de 90° le carré sera dit un carré "exact".

Aspects astrologiques majeurs

☌ *Conjonction - a = 0°*

□ *Carré - a = 90° maléfique*

⚹ *Sextile - a= 60° - Favorable*

△ *Trigone - a = 120° - favorable*

☍ *Opposition - a = 180° - maléfique*

NOTE À PROPOS DE LA CONJONCTION :

La signification de la conjonction varie suivant les planètes. Celles-ci sont classées suivant leur caractère qui est soit maléfique, soit bénéfique. Par exemple, Saturne, Mars, Pluton sont parfois considérées comme maléfiques. En revanche, Jupiter et Vénus sont considérées comme bénéfiques. Reportez-vous aux oeuvres des astrologues pour comprendre.

CADRAN ZODIACAL
EN ORIENTATION COSMIQUE

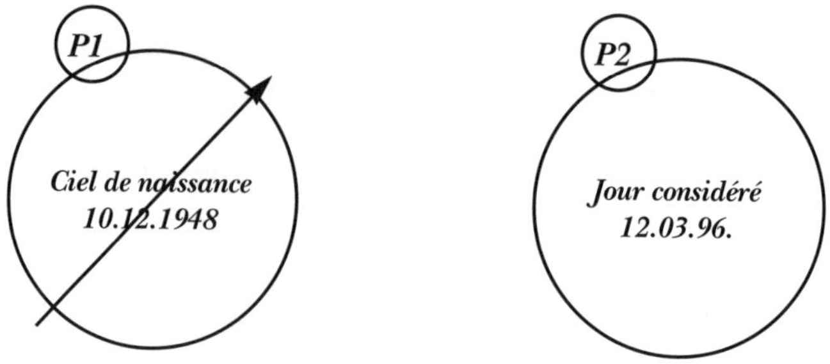

Cas d'exemple :
Monsieur X est né le 10. 12. 1948. Le 12. 03.96 une planète maléfique (P2)se trouve dans le ciel du jour à la position qu'occupait la planète p1 au jour de sa naissance. On dira que P2 transite P1 natal par conjonction, et on recherchera P3 susceptible de compenser la conjonction P2, P1. P1 sera toujours la planète aspectée, P2 sera toujours la planète aspectante. On recherchera ensuite quel aspect de P3 à P1 pourra compenser le passage défavorable de P2 sur P1.

LE CADRAN ZODIACAL
SERA ORIENTÉ GÉMEAUX-CANCER PLEIN SUD

ORIENTATION INDIVIDUELLE

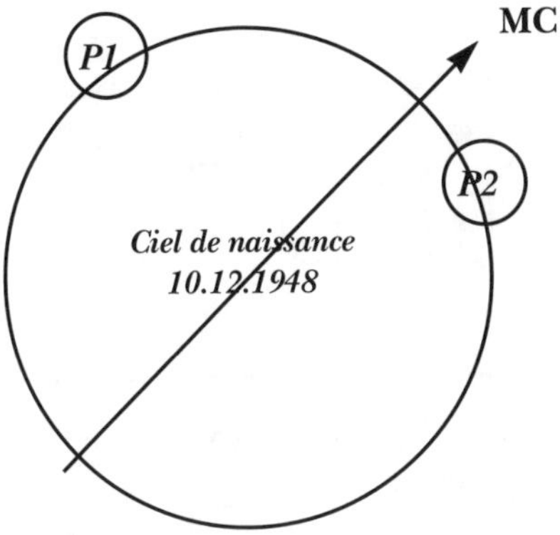

P1 et P2 sont distants d'environ 90° sur le thème natal de Monsieur X. Pour décider si P1 est la planète aspectante ou la planète aspectée, il faut savoir si P1 est plus rapide ou plus lente que P2. La planète la plus lente est toujours aspectée par la planète la plus rapide.

Ceci est important pour savoir dans quelle case de la planche "compensation d'aspects" vous devez placer le témoin de la planète.

Par exemple : si P1 est Vénus et P2 Mars, on verra sur la table page suivante que Vénus est plus rapide que Mars. Donc Vénus (P1) est la planète aspectante, et Mars (P2) la planète aspectée.
La relation P1 P2 est toujours une relation entre une planète perturbée et une planète perturbatrice. Par exemple, ici , Mars (l'agressivité) perturbe Vénus (l'amour). P3 est la planète compensatrice qui doit toujours être placée en aspect favorable avec la planète perturbée.
Peu importe que P3 soit aspectée ou aspectante. Par exemple, nous pourrions avoir sélectionné Jupiter pour compenser le carré Vénus-Mars. Dans ce cas c'est Jupiter qui est aspecté par Vénus.

DANS CE SECOND CAS, LE PLATEAU ZODIACAL EST ORIENTÉ DE TELLE FAÇON QUE LE MILIEU DU CIEL DU THÈME DE NAISSANCE SOIT DIRIGÉ PLEIN SUD.

ASPECTS PLANÉTAIRES SUR THÈME NATAL

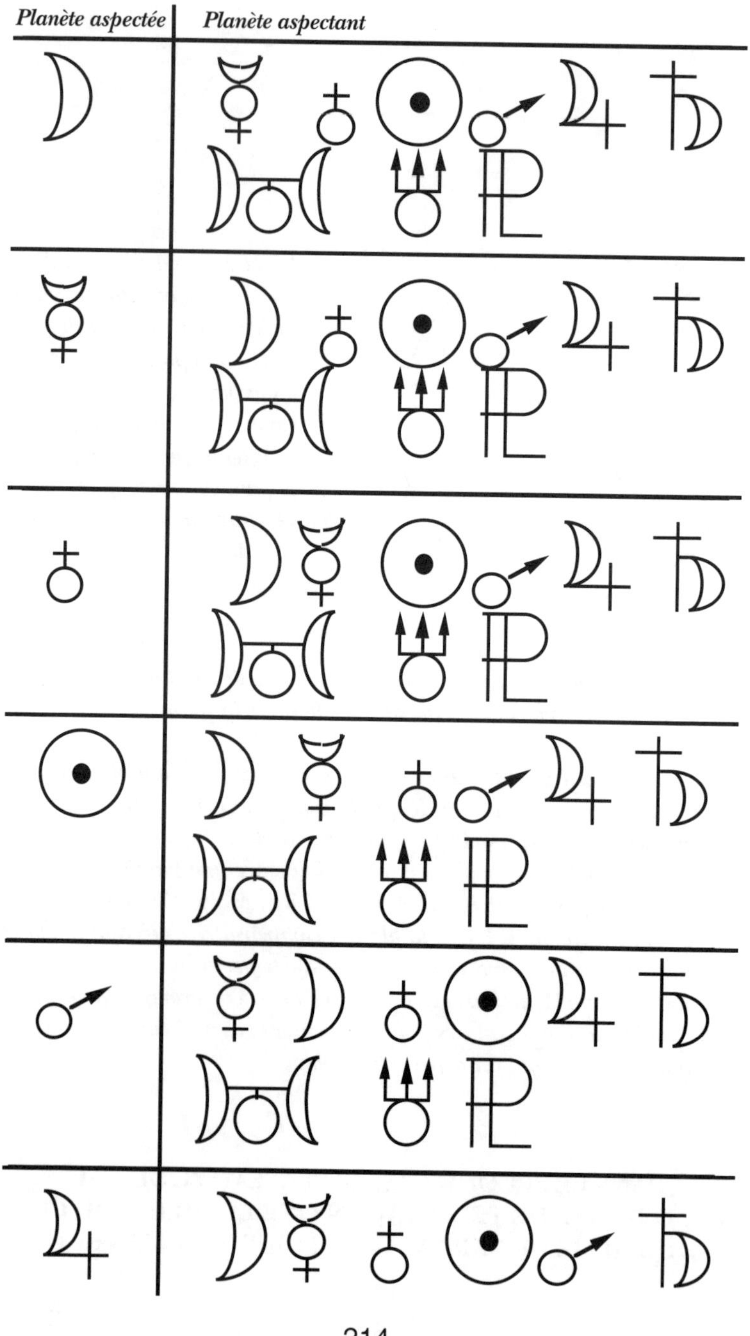

ASPECTS PLANÉTAIRES SUR THÈME NATAL

Planète aspectée	*Planète aspectant*
♄	☽ ☿ ♁ ☉ ♂ ♃ ♅ ♆ ♇
♅	☿ ☽ ♁ ♂ ☉ ♃ ♄ ♆ ♇
♆	☽ ☿ ♁ ☉ ♂ ♃ ♄ ♅ ♇
♇	☽ ☿ ♁ ☉ ♂ ♃ ♄ ♅ ♆

LA LUNE EST ASPECTANTE POUR TOUTES LES AUTRES PLANÈTES

☽	☿	♁	☉	♂	♃	♄	♅	♆	♇
☿	♁	☉	♂	♃	♄	♅	♆	♇	
♁	☉	♂	♃	♄	♅	♆	♇		
☉	♂	♃	♄	♅	♆	♇			
♂	♃	♄	♅	♆	♇				
♃	♄	♅	♆	♇					
♄	♅	♆	♇						
♅	♆	♇							
♆	♇								
♇									

Pluton est aspectée par toutes les autres planètes

Les planètes de la première ligne et de la première colonne sont rangées par ordre de vitesse de la plus rapide (la Lune) à la plus lente (Pluton). Elles aspectent toutes les planètes situées immédiatement au-dessous d'elles ou immédiatement à leur droite.

COMPENSATION DES ASPECTS PLANÉTAIRES

Planète transitée

Planète transitante

Planète compensant le transit

Aspect à compenser

Aspect compensant

TABLE DES MATIERES

CHAPITRE 7

Les différentes sortes de pyramides.

CHAPITRE 8

1. Utilisation du cadran zodiacal.

2. Préparation d'une action ponctuelle.

3. Action en profondeur.

CHAPITRE 9

Emissions quantifiées avec règles et secteurs.

CHAPITRE 10

Pratiques diverses utilisant le pendule égyptien.

Conclusion de la première partie.

SECONDE PARTIE

CHAPITRE 1

CHAPITRE 2

Vers une attitude radiesthésique efficace.

Attitude du radiesthésiste agissant.

Impression : Europe Media Duplication S.A.
F 53110 Lassay-les-Châteaux
N° 3950 - Dépôt légal : 2è trimestre 1995